貯める達人
使う達人が
教える

お金に好かれる人のルール!

横山光昭
桜沢エリカ

はじめに——お金に好かれる人ってどんな人？

初めて横山さんの本を読んだときは6年前
年収200万円からの
貯金生活宣言
横山光昭 著
この本は私にとってかなりの衝撃でした
当時の私はクレジットカードを6枚持ち毎月その支払いで収入はあっても貯金は限りなくゼロに近い日々…
口座に原稿料が入った瞬間引き落とされて消える…!!
じ〜〜ん
横山さんはそんな浪費家たちにも実にあたたかく
あなたはまじめで不器用お金との付き合い方がわからないだけと優しくはげましてくれていました

ああ…私もこの人にお金の使い方貯め方を指導して頂きたい!!
すると知人から
私知ってるわよ
紹介して!!
というわけでなんとかお会いすることができたのです
はじめまして
おお…!!
福々しいオーラ全開!!
お金に好かれる人ってかんじ!!

いやいや そんなこと ないですよ
私も昔は お金との つきあい方が 下手で苦労した クチですから
だからこそ そんな人たちの 気持ちも わかるんです
なるほどー!!
クレジットカードで 苦労している人には ぼくはVisaデビット カードをすすめてます
VISA Debit
これなら 海外でも使えるし お金さえ入れておけば 車だって買えます!!
横山さんの お話を伺って 私は即日Visaデビットカードの 資料を取り寄せ、 作ることに!
VISA Debit
そして持っていた クレジットカードは 1枚だけ残して あとはすべて整理!!
お財布の中が スッキリ しました

もうひとつ気づかされたのが…

もしかして生命保険にいっぱい入ってませんか!?

はい…

実は親戚で○○生命におつとめの人が…

「漫画家は不安定な職業」

「会社の経費でおちるから」

「将来のたくわえになるから」

と言われるままに契約した保険の支払い金額の合計は最大で月額24万円……!!

生命保険はあくまで安心を買うもの貯蓄ならもっと他の方法がありますよ
これじゃ貯めるどころかマイナスなのもムリないです…

これは整理したほうがいいですね
自分が毎月いくら払ってるか知らなかった
ハイ今すぐやります！
その時の私にとってはクレジットカードと生命保険の整理だけでも大きな進歩!!
なんかカラダが軽くなった~
しかし…
これだけの出費で今までなんとかなってきたのはすごい…！
それにエリカさん
貯金ゼロなのに楽しそうですよね？
そんな風に見えますか…？
アハハッ
え~ギリギリですよ毎日が綱渡り!!

感心するな～
ぼくなんか貯金ないと不安で仕方ないですけど…
エリカさんもお金に好かれる人なんですね!!
え!!? この私が!? ウソでしょ!!?
「お金に好かれる」ってどういうことなのかふたりでよく考えてみましょうか…?
というわけで本編スタートです

2章 使う――人生が楽しくなるコツ、教えます

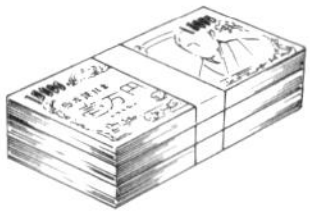

3章 稼ぐ——お金に好かれる人の働き方

4章 備える ― よくあるギモンをスッキリ解消

5章 語る —— 対談！ お金の本音トークをしてみましょうか

1章

貯める

お金が逃げないようにするために

念ずれば貯まる!?
お!
ママ友たちからラインが…
ピコリーン♫
みなさま～♬今宵は満月。お財布フリフリお忘れなく!!
「お財布フリフリ」とは…
満月に向かって財布をふると金運が上がるというおまじないです
その昔占いといえば恋愛と結婚のことばかりだった私たちも…
今や金運にしか興味なし!!
たまに集まると
新しいお財布にするのは寅《とら》の日がいいのよ!
天赦日《てんしゃにち》とか一粒万倍日《いちりゅうまんばいび》もいいっていうわよ

最強なのは寅の日 天赦日一粒万倍日が重なる時よ!!
ええ!!??
そんな日あるの!?
これは年に何度か必ず廻ってきます…
でも「買う日」じゃなくて「使い始める日」です!!お間違えなく
他にも「お札はそろえて下向き」とか
＊諸説あり
様々なおまじない実行中!!
にやり…
これが貯めることにつながっているかは…不明
お財布に蛇のぬけがらをいれておくとか

貯めるより「なんとかなる！」

——なぜ貯めようと思わないの？

最初にはっきり言いますが、**私は貯金「ゼロ」**です。むしろ「マイナス」と言ったほうがいいかもしれません。

「絶対に貯めない！」とか、そんな気持ちはまったくありません。貯めるために、これまでにもいろいろと試してはいるのです。

でも、結局**私を支えているのは「なんとかなる！」という気持ち、ただそれだけ**です。「今月、ホントにもうダメだな」と思っても、「まあ大丈夫かな。なんとかなるかな」と思っていたら、これが不思議なことに本当に大丈夫になるのです。仕事をはじめてからずっとこの調子で、なんとかなっています。そして、こういう一見「神頼み」のようなことが、実は大事なのではないかと思うのです。

こんなことがありました。税金の支払期限も過ぎているのに、そのための資金がなくて払えない。先立つものがなくてどうしよう？　と思っていたら、ある日突然、ポンッ！とお金が入ったのです。それは予期せぬ印税でした。思わずガッツポーズをしてから、「神様、ありがとう!!」と我が家の神棚に手を合わせました。そして、即、支払いにあてさせていただきました。

このように、「なんとかなる」と思い続けて、本当になんとかなってきているので、「絶対に大丈夫！」という自信があります。ちなみに、お金が少し余った時には、「うまく乗り切ったごほうび」を買ってしまうこともあります。

かつて、「このままではいけない！」と、あるファイナンシャルプランナー（FP）の方に家計再生をお願いしたことがあります。その時は、指導のおかげで、この私もお金を貯めることができました。

「人生初の貯金」です！

それで「少しはほめてもらえるかな」と思ったのですが、甘かった。逆に怒られてしまいました。

「これじゃ、まだまだ足りませんね」

「このくらいでは、エリカさん家のような生活をしていたら1カ月でなくなります」「これから1銭もお金が入らなかったら、1カ月でショートしますよ」などなどなど。聞いてるうちに、お金が貯まれば貯まるほど「これだけあってもまだ足りないかしら?」と怖くなってきました。

その方の言いつけを守って、自分のものを何も買わない月もありましたが、いつも使っている化粧水をひとつだけ購入したら、「なんでこれを買ったのですか?」と問われ、「え、これもダメ!?」と驚きました。挙句、「スタバに行くのはセレブですからね」と言われ、何をしてもダメ出しされるので、気分的にものすごく落ちましたよ。

そこであらためて、私が今まで生きてこられたのは、「どうにかなる!」と思ってきたからだ、と気づいたのです。

どうにかなるって思わないと、どうにもならない。「どうにでもなるから、気にするな!」という気持ちがあったからこそ、ここまで乗り切ってこられたことがわかりました。

バブル時代を生きてきた人たちは、みんな元気で楽しそうにしているように思えるのですが、それは突き詰めて考えると、裏づけのない自信を持っているからなのではないでしょうか。わけのわからない自信こそがエネルギーとなって、一見不可能に思えることさえ、時には突破できるのだと思います。

私もまさにそのタイプ。

お金を貯めて、「まだ足りないかな……」と気分が落ちるくらいなら、**貯金がなくても「なんとかなる!」で乗り切っているほうが、自分らしくストレスなく生きられる**ように思うのです。

自分の行動を制限されないために「貯める」

——なぜ貯めるの？

なぜ貯めるのか？　と言われれば、**なにかを「やりたい！」と思った時にできない、というのが一番イヤ**だからです。お金のせいで、自分の行動を制限されてしまうのが許せないのです。

今だけを生きるのなら、別にお金なんて貯める必要はありませんが、将来、まだまだやりたいこともたくさんあります。できるかもしれないことを「お金がないから」という理由であきらめたくない、というのが一番の理由かもしれません。

私は常にお財布に30万円入れると決めています。それも同じ理由からで、なにかやりたいことがあった時に「お金がないから」と行動を制限されたくないからです。

たとえば、みんなで食事に行く際、たまには高い店に入ることもあります。そのような時に、「今、持ち合わせがないから、高い店に行けない……」というような事態に陥《おちい》りたくないのです。もちろん、30万円を一度に全部使うわけではありません。使ってもせいぜい1回に3、4万円程度です。もし4万円使って、お財布の残りが26万円になったら、新たに4万円を足して、常に30万円になるようにしています。このように、「持っている」ということが安心につながるのです。

「現金を持ち歩かなくても、カードを使えばいいのでは？」と思われるかもしれませんが、現在、クレジットカードは1枚も持っていません。私にとってカードで30万円払うのと、現金で30万円払うのでは重みがまったく違うのです。カードで払うとお金の価値が軽くなるというか、鈍くなる感じもあります。

カードだと、「ま、いっか」と軽く買い物ができてしまいますよね。お金を使った、という感覚が希薄になります。

でも、「払う、払わない」の感覚は現金で研《と》ぎ澄《す》ませたいのです。きちんとお金を使う痛みを感じながら使いたいから、**わざと現金で払う**。今、「カード」と言えば、VISAやJCBがついたデビットカード2枚のみです。現金ベースでやっているけれど、出張などは精算がしやすいのでこのカードを利用しています。

「使いすぎちゃったな」ということもたまにありますが、なにせその場で銀行から引き落とされるので、その瞬間に「痛たた」と痛みを感じこそすれ、翌月までひきずることはありません。わかりやすいことはたしかです。

かつてクレジットカードを使っていたことはありますが、現在はすべて解約して、カードにはさみを入れました。

「なぜ貯めるのか？」についてのもうひとつの大きな理由は、家族がいるから。

自分ひとりなら、たとえ貯金がなかったとしてもなんとでもなるかもしれませんが、家族が一緒だと話は違います。子どももいるとなれば、育てるという責任も伴います。

特に、私の場合は子どもが6人もいますから責任は重大。小中高大……とそれぞれが学校に行けば、それなりにお金はかかります。

たとえ自分が働けなくなったとしても、お金があれば生きていける。自分自身が動けなくなって止まってしまった時も、お金があればなにかしら動かすことはできますよね。**いざという時にお金は自分の味方になってくれる**。それは非常に心強いものです。

だから、私は貯金をするのだと思うのです。

「500円玉貯金」でレジャー代をねん出

——お金を貯めるためにやっていること

私も実は貯金していました（今まで忘れていたのですが……）。それは**「500円玉貯金」**。今でも続いています。500円玉を財布の中に見つけたら、使わずに即、貯金箱代わりの壺《つぼ》にイン。

500円玉を集めたくて、タクシーに乗った際、なるべく500円玉をもらえるよう、支払時にわざわざお札に10円などを足して渡すこともあります。最近は、子どもたちも計算できるようになったので、「あ、ママ、500円をお釣りでもらおうとしてるでしょ」と指摘されたりもしてね。

この壺を持ちあげた時に重く感じたら、「使い時」。たいてい、家族で「ディズニーランド（テーマパーク）に行こう！」という話が出た時に、ちょうどいい具合に貯まっていることが多いので、**「じゃ、アレを使おうか」**ということになります。壺を開いてお金を出してみると、だいたい10万円くらいあって、「じゃあ、これを使って豪遊しちゃおう！」と話がまとまります。

泊まりがけで行くと、ホテルの宿泊が1泊だいたい5、6万円。チケットを4人分買って、園の中でごはん食べて……で、10万円なんてあっという間になくなってしまいます。しっかり使い切って、500円玉貯金はまたイチからスタート、です。

最初は、「この貯金を使って自分の腕時計でも買っちゃおうかな？」なんて思ったこともありましたが、なぜか自分のためだけに使う気になりません。やはりこの500円玉貯金は、家族みんなで楽しく使うために貯めているのです。

とか言いながら、この貯金のおかげで支払いを乗り切ったこともありましたけれど。「今月の支払い分がない！　どうしよう！」という時に「あ、あった！」と。

そういう意味では、残念ながら、この貯金は定期的に「ゼロ」になるので、貯蓄にはなっていません。

横山

まずは「生活」を見直してみましょう

——貯めるために心がけるべきこと

生まれつき貯めるのが好きな方もたしかにいらっしゃることはいらっしゃいます。小さいころからお小遣いやお年玉をこつこつ貯めて、働く前から100万円、200万円持っていたり。でも、そのような方は**かなり少数派で、実際には1割もいない**でしょう。

残り9割の方は、たとえば「カードをちょっと使いすぎたな」とか、なにかしらの失敗をしていたり、貯めるのは大変、という思いをもっているのではないでしょうか。

「貯金」の仕組みは、実は非常にシンプルです。

入ってきた収入に対してなるべく使わないようにして残す。**収入と支出の差額が「貯金」**です。これって**小学校で習った算数の「引き算」**ですよね。本当は小学校の低学年でもわかるようなものなのです。

ですから、たとえ月100万円稼いだとしても、そのうちの99万円を使っていれば月

1万円しか貯まらないけれど、月30万円の稼ぎでも15万円で生活していれば、月15万円は貯まる。稼いだ額は問題ではなくて、**稼いだ金額と使った額の「差額」が重要**になってくるのです。

お金が貯まる人というのは、決して「貯めよう」「貯めよう」とはしていません。では何が違うかと言えば、生活習慣に行き着きます。

「生活」と「お金」は密接な結びつきがあります。なぜなら、**生活を取り囲む「モノ」は、実は「お金」が変化したもの**だからです。モノを見直すことで自然と支出が抑えられ、それが貯金につながります。モノひとつ買うにしても、お金の使い方にしても、すべて生活習慣と結びついているのです。

私のところに相談にいらっしゃる方を見ていても、「生活を整える」ことができるようになると、**貯めようとしなくても自然とお金が貯まる**ようになってきています。

たとえば、朝、ギリギリまで寝ていて、朝ごはんを食べずに家を出て、コンビニでおにぎりを買ったり喫茶店でモーニングセットを頼んだりするのではなく、朝は余裕を持って起きて、家で朝ごはんを食べてから出かける。夜は終電を逃して、タクシーを使って帰宅するのではなく、定期券を利用してきちんと電車で帰る。お金を貯めるために必要なことというのは、実は文字に書くとごく当たり前に見えることなのです。

ですから、**「お金の使い方」を見直す前に、まずは「生活を見直す」**。それこそがお金を貯める第一歩です。

「支出がそのままでも、収入を上げればいいじゃないか」という考え方があるかもしれません。けれど、人間は収入が上がると、自然と支出も上がってきてしまうもの。先にも言いましたが、いくら収入が高くなっても、その分支出が多くなってしまったら、差額は少ないままですからいつまで経っても貯まりません。

そういう意味では、**きちんと稼ぎながら支出を抑えていく**、というのが一番安定感のある貯め方です。常に、収入と支出の「差額」を意識してください。

貯金をしたことがないからならない

——貯金がなくて、不安になりませんか？

「そんなに貯金がなくて不安に思わないのですか？」と言われたこともあります。でも、それほど不安を覚えたことは……。なぜでしょうね？

それはたぶん、私がきちんと貯金をしたことがないからだと思います。**一回でも「蓄え」というものをしてしまうと、それがなくなった時に「怖い」と感じるのではないでしょうか。**

自分の知らないうちに仕事の収入が銀行口座に入っていた、ということはありますが、それは自覚してお金を貯めたわけではないので、私の中では貯めたうちに入りません。自分で「貯めよう！」と意識して頑張って、「ここまで貯めた！」と思えるお金があったなら、手放したくなくなるのかもしれませんね。

「お金があるのが見えるから使ってしまうのだ」「お金があると思わなければ、使わない」というわけで、「お金が入ったら、すぐ別口座に移せ！」を実行したこともありました。でも、実際には、残高があるのがわかった瞬間に「お金がある！」と目に見えているわけですね。それで、自分でもすごいと思うのですけれど、残高照会をしてATMの画面に金額が表示された瞬間に、「おお！　これはなんだ!?」と、通帳記入もせずに、すかさずカードで引き出してしまうのです。

そうするとですよ、その時自分が見た金額だけが頭の中にインプットされて、そこから自分が引き出した分がマイナスされることをすっかり忘れている。だから、しばらく日が経つと、「あれ？　あんなにお金があったはずなのに、少なくなっている……」と不思議に思うのです。**単に自分が引き出しているだけ**なのですけれど、それを忘れ、**残高が一番多い時の金額しか覚えていない**というわけです。

本当は、通帳とカードをセットで持ち歩き、お金を引き出したら必ず通帳記入をして、常に現時点での金額を覚えておかないと、失敗しますね。貯金通帳の用紙にしっかりと残高の数字が刻まれているのを目にして、**「印字の力」**を借りて視覚に焼きつけないといけません。

「見えるお金があるからいけないのなら、気づかないうちに引き落とされる定期なら貯められるかもしれない」と思い、積立定期預金をしたこともありました。自分の手で別の口座に移すのではなく、自分の知らないところで勝手に引き落としされる預金ならうまくいくかも？　と考えたのです。

でも、結果から言うと、ダメでした……。

はじめは、毎月2万円ずつ引き落としていたのですが、そのうち「月々2万円では、なかなか貯まらない」と思い、月々の金額を5万円、10万円と引き上げたのです。すると、口座にお金がある時には感じないけれど、お金がない時に引き落とされた瞬間のゴソっとなくなる感じが、ハンパありません。

「あー、ガス代や電気代になるはずのお金が……！」と、ついイラっとしてしまって。しまいには、お金が引き落とされる前にガス代、電気代分だけ引き出し、それらを支払って残った分をふたたび入金して……というようなことをはじめました。

それを繰り返すうちに、ふと「私はいったい何やってるんだ？」と我に返ったのです。本当は引き落としの金額を下げればいいだけの話なのですが、なんだかアホらしくなって、「もういい！　やーめた」って。

そうそう、定期預金をやっていると、**残高がなくても預金額の90％の金額まで使える**のですね。たとえば、10万円貯まっていたら、それ以外にマイナス９万円まで借りられるのです。

はじめはそのことを知らなかったのだけれど、ある時通帳を見たら、マイナスになっていたことがあり、「そうか、マイナスになっても大丈夫なのだ。ということは、積立口座に５００万円あったら、４５０万円までマイナスできるのだな」と気づいてしまいました。でも、それは自分にとってはものすごく危険だなあ、と。

知らぬ間に残高がマイナスになっていることはあるから、ちょっとした引き落としなどの際には、その機能はもちろん助かります。本来なら引き落としが滞ってしまうところを肩代わりしてくれるわけですから。でも、結局、その分借金したことになり、利息を自分で払うということですよね。それもけっこう高い利息を。そう考えたら、「なんだか銀行にだまされている……」と感じてしまって。そんなこともあって、定期預金もやめました。

というわけで、いろいろ試してはみましたが、成果はどうも芳《かんば》しくありません。

先日、銀行のＡＴＭに行ったら、前の人が落としたと思われる、振込後の口座残高が書かれた紙がポロリと落ちていました。それが見えてしまったのですが、残高が5000万円くらいあるではないですか。

「ああ、いいなあ……。私の口座の残高もこのぐらいにならないと」

と、漫画家の友達に会った時に、その話をしたのです。で、「あなたもそのくらいの金額が銀行に入っているよね？」と軽く聞いたところ、「うん、そのぐらいは」とあっさり返され、「わ、身近にもお金を貯めている人がいた！」とはじめて知りました。

私の場合、それだけ貯まるのは、いったいいつになるのでしょう。やっぱり、ブツブツ言わずに2万円ずつでも、自動引き落としで貯めていくのがいいのかもしれません。

――貯金がないと不安になるのはなぜ？

お金がない時のふがいなさを味わっているから

私は、もし貯金がなかったら心配ですね。理由は言葉にしにくいのですが、それは**生きていくうえでの危機感**なのかもしれません。

たとえば、「今、ここにあるお金を全部使い切ってもいいですよ」と言われても、**私にはできない**。寿命がいつまでと決まっているならともかく、いつまで生きるのかもわからないのに、手元に2、3万円しかなかったら「これから先、どうしよう？」と、焦りを感じるばかりでしょうね。とにかく、貯金があるだけで安心するんですよね。

私の場合はおそらく、過去の経験によるものが大きいように思います。

大学卒業後、私は就職した会社を次のあてもなく3年3カ月で突然辞める、という暴挙に出ました。すでに結婚していて子どもがふたりもいるというのに、です。退職金ははっきり言って、金額も覚えていません。退職金が出る3年に試用期間の3カ月を足した、ギリギリの年数で辞めたので、おそらく給料1カ月分にも満たないくらいだったと思います。妻は退職金が出ていたことさえ知らなかったから、おそらく妻に渡す前にいつの間にかすべて消えてしまったのでしょう……。

その後、失業手当をもらうにも、自己都合による退社ですから3カ月の待機期間があり、その間収入はゼロ。なのに、前年分の税金を払う必要もあるし、家族を養わなければいけない。一方で新しい資格も取りたいし、勉強もしたい。当時、働いていて貯金もあった妻に生活を支えてもらいながら、お小遣いまでもらう生活でした。

あの時期は経済的にも厳しかったけれど、「妻や子どもを守ることさえできないのか」と、自分のふがいなさがなんとも歯がゆく、そしてつらかったものです。もう、あの時には絶対戻りたくありません。**「自分にお金がないと、こういう思いをするのだ」**という経験をイヤというほどした――そういう意味で、お金の大切さを身をもって学んだのは、この時期でした。

あの時と同じ思いを二度と味わいたくはないから、妻や子どもを守るためのお金は持っていたい、そのためには貯金は必要だ。そう思うのです。

本当に一流の人は「貯めなくても稼げばいい」と考えるのでしょう。でも、私は残念ながらそれができる自信がありません。

貯金がないと不安を覚えるのは、私の場合、プラスに作用します。

お金は循環させるもの、使えば戻ってくるもの

――お金を貯めるより大切なこと

お金を支払う時には、ひりひりとした痛みを常に感じます。けれど「どうにかなる！」と気合を入れて出しています。

「いつか返ってくる」と信じて。

支払いなどでお札を出す際には必ず「新しい仕事が来る！　来る来る！　そろそろ来る！」と念じています。

私は**「お金は循環させるもの、使えば戻ってくるもの」**だと思っているのです。

お金は空気みたいなもので、ないところに向かってスーッと流れていく、という話があります。だから、使うとスーッと入ってくるというか。そのためには、空気の流れをよくしておく必要がある。

そして、動きが止まるとよどんでしまう。よどんでしまうと流れなくなってしまうから、**お金は貯めるのではなく、使って循環をよくさせる**。そうすれば、お金は自分の元に戻ってくる、と考えています。

最近は、なるべくカードを使わず、なんとかなるものはなるべく現金で支払っています。とくに飲食などは現金にしていますね。あとはその場で引き落とされるデビットカードです。使った瞬間に「ピンポン！」って携帯電話から音がするので、かなり「お金を使った」という感覚があります。

以前はすべてカード払いだったので、毎月の支払いがすごい金額になって、引き落としの時期になると「さあ、どうしよう？」と考えていました。それがなくなっただけでも、私としてはすごい進歩だと思っています。

通帳に「メモする」すごい効能

——お金を貯めている人がやっていること

たとえば、30代で年間１００万円なり２００万円なりをきちんと計画的に貯めている人を見ていると、生活がきちんとしているな、という印象を受けます。生きていくうえでの責任感をしっかり持っているな、と思いますね。

「貯金しなければ！」と言いながら貯まっていない人は、実際いっぱいいるんですよ。貯まっている人と貯まっていない人の違いというのはただひとつ。**「貯金しなければ！」と思ったあとに、それを実際に行動に移すか移さないか**。ただそれだけです。

本気で貯金を考えているかどうかは、貯金の「額」が如実に物語ってくれます。計画的に、とまではいかなくても、収入を残していくように努めてみる。それが結果として、貯金額という「数字」に表われるのです。

実は、**預金通帳を見ると、その人の人柄、というか「人となり」がよくわかります。**

たとえば、ちょっとずつお金を引き出して、入金したと思ったら、またすぐに引き出したりというタイプの方もいれば、カードの引き落とし日になると、残高がみるみるうちに減っていくタイプの方もいます。

家計簿と同じで、通帳を見るとその人の性格というか性質がなんとなく見えてくるもの。ですから、もし自分のお金の流れを知りたいと思ったら、家計簿をつけてみるのももちろんいい方法ですが、**「預金通帳を見直してみる」**というのも、より手軽で効果的です。

ここで、お金を貯めるための、一歩進んだ預金通帳の使い方をご紹介しましょう。

通帳の余白を利用して、鉛筆などにその用途を書き込んでおくのです。たとえば、5万円を引き出した場合、その脇に「なにに使ったのか」「なんの分なのか」を書いておきます。

ふせんなどをつけてしまうと、ATMなどで通帳を使用する場合に紙が巻き込まれて故障の原因になってしまうかもしれません。けれど、通帳に鉛筆で書き込むのであれば、まったく問題はありません。**通帳はいわば、「簡易版の家計簿」**のような役目を果たしてくれるのです。住居費や光熱費、生命保険料など、なるべく同じ口座から引き落とされるようにしておくと、生活の全体が見渡せていいでしょう。

――貯金がなくて後悔したこと、ありますか？

きっと病気になった時に気づくのかもしれません

「貯金があったらよかったな」と後悔したことは、これまで特にありません。でも、これから先、もしかしたらあるのかなとは思っています。

今は、私もほかの家族もみんな元気で健康にやっているけれど、たとえば病気になった時などに、きっと「貯金があったらよかったな」と思うのだろうなという気はします。

よく夫と言っているんです。

「子どもも素直で、元気に毎日学校に通っているし、どちらの親も元気でぴんぴんしている。夫婦の仲もいい。**ないのはお金だけ**。これってよくない？」

すると、「お金がないだけじゃない？　それでもなんとかなっているし。まあ、元気出していこうよ！」という気になるのです。「ないのはお金だけ」と思っているので、もし貯金してお金があったら、逆に病気になってしまうのではないか、という気すらしまして。よく、なにか山場を越えてホッとひと段落した時などに、プチン！　と緊張の糸が切れて、風邪を引いたりしますよね。それと一緒で、気を緩めるようなことをしないほうがいいのではないかと。健康を維持するためにも、私の場合は貯金しないほうがいいのではないかと思うのです。

今は貯金もないですし、私は何があっても決して病気になれません。

「今は絶対に体調を崩せないぞ！」

という緊張感が常にあります。これはこれで、ひしひしと「生きている！」という感じがします。

これで、何十年も病気ひとつせずに続いていますから、私にとっては**最強の「健康法」**と言えるでしょう。

人生の「波」をしずめることができる

――貯金があってよかったと思うこと

事業をやっていて業績が悪い時には、「貯金があってよかった！　助かった！」と思います。会社を経営していると、売り上げは一定ではありません。いい時もあれば悪い時もある。「波」があるわけです。

業績が悪い時に役に立つのが「貯金」です。私は、会社のお金とプライベートのお金を分けていますが、会社の調子悪い時には個人に振り分けたお金を補てんしながらやってきました。最近はおかげさまであまりそういうことはしませんが、以前はよくそうやって乗り切ったもの。よくよく考えてみれば、本来はどちらも「横山光昭」がひとりでやっているものなのですけれどね。

私にとっては、「仕事ができない」というのがなによりも怖いことです。もしかすると、たとえなにが起ころうと仕事ができるように、今のうちに貯金をしているのかもしれません。

私の仕事はコンサルティングですから、「人と話をしてなんぼ」というところがあります。ですから、しゃべれなくなったら商売あがったり。声が出なくなって、話ができなくなったら、私なんて、もうただのおっさんです。

よく、仕事ができなくなる夢を見ます。朝、起きて口を開けたら声が出なくて、「あー、こんなんじゃ、仕事ができない！」と夢の中で騒いでいる。話せなくなって仕事ができなくなることを、潜在的にも恐れているのでしょう。

実際、年に1回くらい咽頭炎《いんとうえん》という病気にかかり、声帯が開かなくなって、声がかすれて出なくなることがあります。「ごめんなさい、今日、声が出ないんです」という謝りの電話ですら、「どなたですか？」と、いたずら電話と勘違いされる始末。きっと、「これが続いたら困るな」というのが、頭の中にあって夢にまで出るのでしょう。

今抱えているお客様をサポートするためにも、コンサルティングを継続させるためにも、万が一、私の声が出なくなって仕事ができなくなっても、会社を回せるように、お金を持っていないといけない、という思いがあります。

また、お恥ずかしながら30代前半までは貯金がまったくなかったわけですが、今考えると、この**「貯金がない！」という経験も自分にとっての「原動力」**になっているような気がするのです。「貯金がない！ 悔しい！ そしてやべえ！」と思って、なんとかした結果、今の自分がある。そういう意味では、いい経験をしたな、と思います。当時はもちろんすごくつらかったし、苦しかったですけど……。

私はもともといくら稼いでも使ってしまうタイプです。ですから、大学を卒業してから、たとえば公務員にでもなって毎月安定した収入を得ていたら、たぶん貯めていなかったでしょう。

実は、**安定した職業についている方のほうがお金を貯めていない**という事実があります。安定しているからこそ、危機感も希薄になりがち。「ずっとこのままでいい」と思っているので、貯める気にならないのかもしれません。

そして、この安定感こそが貯金をするうえでの一番の障壁となるのです。自分が同じような立場だったら、まったく同じような状態に陥っていたでしょう。私みたいなタイプは一度ピンチを経験したことが、まさに「ケガの功名《こうみょう》」となったといえますね。

あればあるだけ、使いたくなりません？

——貯まる理由、貯まらない理由

「お金は余剰分があれば貯めよう」と思っていますが、つい入ったら入っただけ使ってしまって、余りが出ないのが現状です。

ある時、「お金を貯めたい！」と一念発起し、たまたま横山さんの『年収２００万円からの貯金生活宣言』を読みました。そして、**お金とのつき合いが下手な人に対する愛情がハンパない**ところがすごくステキだと思いました。

普通だったら、バッサリと切り捨てられるような人たちのことを、すごく愛情深く扱ってくれているように感じたのですね。そうしたら、たまたま友人が横山さんと知り合いだということを知ったのです。「会いたい、会いたい！」と紹介してもらいました。

そして、すごいご縁ですし、せっかくですからこのあたりできちんとお金を貯めてみようかな、と思ったのです。そこで、横山さんに相談して、自分のお金の流れがわかる家計簿のようなものを毎月つけるようにしました。そのことによって、「ここを余分に使いすぎているな」というようなことを意識するようになったのです。

ただ、私の場合、毎月の収入に大きな波があって、お金がたくさん入る月と限りなく収入がゼロに近い月があります。そのため、たとえば収入の多い月に600万円入ってきたりすると、どれだけ使ってもお金は余ります。何にもしなくても、「やったー。お金が貯まっている！」という状態になるわけです。

その時には思わず、**「横山先生の本の通りにやったら、すぐに400万円も貯まっちゃった」**とアシスタントに自慢してしまいました。そしたら、みんなもその気になって、「私もやる！　私もやる！」って。「これならすぐ貯まるわね」と思っていたら……。現実はそんなに甘くはありません。

本当は、そのドサッと余った分を定期預金にでもすればよかったのでしょうけれど、そのまま普通預金に置いておいて、収入がない月の支払いにあてたりしているうちに、いつの間にやらスーッと流れるように消えていき、気づけばあっという間に貯金もなくなりました。

貯蓄、ということで言えば、かつて貯蓄目的で生命保険に加入して損したことがあります。知り合いに「100万円が145万円になるから」と勧められて、一時払い養老保険の商品に300万か400万円ほど預けたのですが、バブルの崩壊とともに半値くらいまで価値が下がってしまいました。

100万円が145万円になると言われていたのに、結局50万円くらいになってしまったのです。私は1枚いくらといった、日銭を得るにも似たような仕事をしていることもあり、**大きく儲けるようなことは性に合わない**と実感しました。

だいたいが無頓着で、保険の商品を勧められるままに加入していたら、いつの間にか**月々の支払いが30万円近くになっていた、**ということもありました。もちろん、そういったものはすべて整理しました。

というわけで、**入ったら「わーい！」と言って使い、なくなったら静かにしている**。その繰り返しです。

――たまる理由、たまらない理由

貯金できる人、できない人〝たったひとつ〟だけの違い

貯金できる人とできない人の違いは、結局のところ**「実行するか否か」です**。みんな、**頭ではわかっていても、実行できないからお金が貯まらない**。それに尽きると思います。

ちょっとした金額の差でも、年を経ると差はどんどん開きます。

たとえ、1日100円の差でも、1年で3万6500円です。1000円違えば、1年で36万5000円の差です。それが、10年続けば、365万円まで差が広がります。

たとえば、宝くじに当たったりして、予想外のところから大金が入るのは本当にまれなことで、当然ながらなかなか起きません。ですから、貯まる人と貯まらない人の違いは、この1日100円の差のような、「チリも積もれば山となる」というところにあるのです。

先日、「横山先生の著書をもう30冊くらい読んでいるのだけれど、ちっともお金が貯まらないんですよ」という方にお会いしました。

その方に**「じゃあ、30冊読んで、なにかやったの?」**とたずねたら、**「いや、一応読んだんですけど、まだ」**という答えが返ってきました。「『読んだだけで満足しない』って、本のどこかに書いてなかった?」と、思わず言ってしまいました。

いくら本を読んだって、それを実際に行動に移さければ、いつまで経っても変わりませんよね。

たとえ、私の本を30冊読んだとしても、(もちろん読んでくださったのはとてもうれしいことなのですが)読んだだけで動かなければ、はっきり言ってなんの意味もありません。本に書かれていることを全部やれ、とは決して言いません。ただ、10書いてあるうちの、ひとつでもふたつでも、「自分でできそうだな」と思ったことをやってみる。「実行する」ということが大事です。

本当にやりたいことだったら、たとえどんな困難があろうとも行動に移しますよね。それができない、行動していないというのは、しょせんその程度なのだと思います。

幸せになるための「道具」と考える

――お金を持って幸せになる人、不幸になる人

私、お金は、幸せになるための「道具」だと思うんです。

「道具」は使ったほうがいい。時計なども、使わないと止まってしまって用をなさなくなりますよね。使い方を間違えるとトラブルのもとにもなりますから、それを上手に使えることが一番大切だと思います。

お金を持つと、なにより**自由度がアップ**します。行動が制限されなくなり、自由になれる気がします。たとえば、行きたい時に好きな場所に行けるようになります。夜中に突然どこかに行きたくなった時、タクシーに乗ればどこでも向かえます。「来月ニューヨークにでも行きたいな」と思ったら、金額を考えずにいつでも実行に移せます。

以前、ニューヨークに行く前の日に飲みすぎて、翌朝はひどい二日酔いでした。成田空港まではなんとかたどり着いたものの、具合が悪すぎて、「このまま飛行機に乗ったら死ぬ！」と思い、直前にキャンセル。翌日のニューヨーク行きのチケットを買い直しました。一緒に行く友達には「うそでしょ？」ってあきれられましたけれど、先に行ってもらって、次の日に合流しました。当時、行きのチケットだけで28万円くらいしたでしょうか。そんなアホなこともしましたよ。

けれど、お金があると、そういうことも平気でできるのです。今でも、もしすごく余裕があったら、その日の気分でフラリと空港に行き、「今乗れる飛行機はどれですか？」とその場で行き先を選んで、どこかに飛んでいきたいな、とふと考えます。

そういう意味で、**お金があると行動が制約されなくなるというか、自由になれます**。

でも、ＦＰの先生にそう言ったら、「そのようなお金があるなら貯蓄に回しましょう。多少、具合が悪くてもその飛行機に乗るべきです。そもそも出発の前日は、翌日に備えて飲み過ぎないこと」と言われてしまいそうですね。

もちろん、今は安い飛行機を探して行っています。ひとり分ならともかく、家族４人分ともなると金額も大きくなりますから。４人でパリにでも行こうと思ったら、旅費と宿泊費で、どんなに安くあげようとしても１００万はかかります。「１００万かあ」と思うと、なかなか手が出ません。

でも、**一方でお金があるのに幸せそうじゃない人もいます**。ご実家が裕福で、土地もあちこち所有していて、ほとんど働かなくても家賃収入だけで生きていけるような方もいらっしゃいますが、生きがいがないようにも見え、楽しそうには思えない場合も多いです。

旅行にも行って、愛人もいて、とにかく毎日ただ飲んでいる。それしかないような人もいます。アル中になる人もいますしね。お金がありすぎると、お金のありがたみを感じなくなってしまうのでしょうか。

お金があるというのはすばらしいことだけれど、ありすぎるのも問題だな、とも思います。「お金がない」と言っているくらいのほうがいいのかしら？　と考えたりもするのです。

一度に大きなお金が入ったときこそピンチ

――お金を持って幸せになる人、不幸になる人

お金を手に入れると、人は本当に変わります。私はその瞬間を何度も目の当たりにしました。

相続のことをよく「争続」「争族」とも言いますが、本当ですね。「私はお金なんていらない」と言っていた人が、相続できる金額を見たとたんに目の色を変えて争い出して、兄弟の仲がめちゃくちゃになったということもあります。

相続のほかには、株や宝くじなどで大きなお金を手に入れ、結果ダメになったという方は数多くいらっしゃいます。

先日いらした方も、昨日まで「貯金がない」と言っていたのが、いきなりお父さんの遺産4000万円を手に入れたために焦《あせ》っていらっしゃいました。「貯金もできない自分に、4000万円も入ってきた。ホンネを言えば、相談料を払うことすらもったいないのだけれど、この４０００万円をきちんと守らないといけないので、一応来ることにした」というのです。

ものすごい気負いが感じられましたが、ぐうたらで、「大金が入ったからちょっと使っちゃおうかな」という方よりも、実はそういう**真面目な方のほうが危なかったりします**。

４０００万円を過剰に大きく捉《とら》えすぎて、「それを活かそう」とか「そのお金があれば、自分は独立できるのではないか」とか「投資を勉強すれば、少しずつ入ってくるんじゃないか」とかあれこれ考えるわけです。人間誰しも、時にはうまくいかないこともあるのに、それを忘れてしまう。

ほかには、宝くじで前後賞合わせて１８００万円をあてて、「どう使っていいかわからない」とご相談にいらした方もいらっしゃいました。一緒にどういう使い方をするのがいいのか、どう守るか？ について考えましたが、その後いらっしゃらなくなってしまったので、今はどうされているかわかりません。いい形で上手に運営されていればいいのですけれど。「人生賭けて、一旗あげて！」と、一気にそのお金を使って失敗していないことを祈るばかりです。

また、相続で2000万円ほどもらって、会社を辞めてしまった方もいらっしゃいました。

お金は怖い面があります。**ないと困るけれど、ありすぎるとおかしくなる**のです。

「手元にお金がある！」ということで、性格が変わってしまう方もいます。「お金があるからいいんだ」と、突然周りの人たちにぞんざいな態度を取りはじめて嫌われてしまうこともあるでしょう。「今日くらいはぜいたくしよう」と言っていたのに、それが1回限りでは済まなくなり、毎回ぜいたくをするようになる。回を重ねるうちにそれが当たり前になってしまって、ずるずると散財し続ける場合もあります。

ある方は借金の問題を抱えてご相談にいらっしゃいました。「借金が500万円にもなってしまいました。もう、破産するしかないと思います。家も手放すんですよね……」と、ボロボロと涙をこぼしながら言うのです。

かつては、消費者金融など、いわゆる「マチキン」と呼ばれるところで、非常に高い金利でお金を貸していましたが、今は「過払い金返還請求」といって、払い過ぎた分を取り戻すことができるケースもあります。お話を聞いて、「けっこう長い期間利用されていたので、もしかするとお金が戻ってくるかもしれませんよ」と伝えると、その方は「いや、そんなことは全然期待していません。借金がなくなるだけで十分です」とおっしゃいました。けれど、調査をしたら、５００万円の借金がなくなり、さらに３００万円が返還されることがわかりました。すると、どうなったでしょう？

「借金がなくなるだけで十分です」と言っていたはずの方が突然、「早く３００万円をくれ！」と言い出したのです。人って変わるものですよね。おそらくその３００万円が戻ってきたら、「ラッキー！」とばかりに旅行に行ったり、ギャンブルに使ったりして、あっという間になくなってしまうことでしょう。

お金は稼いで、使う。当たり前ですが、その二本柱が重要です。

うまくいっている人は、**稼ぐ力と正しく使う力、そのバランスが取れていて、両輪を上手に操れる人**だと思います。

失敗もすべて「ネタ」にして回収

――お金にまつわる失敗談

お金にまつわる失敗といえば、もうすべてが失敗のような気もしますが……。

でも、私は漫画家なので、**自分がお金を使ったことや経験したことはすべて「ネタ」として自分の作品に生きる**、と思っています。そうすれば、使ったお金もすべて回収できるから、いいかな？　と考えているところがあります。

昔、東京一のろくでなし男とつき合ったことがあるのですが、それもすべて漫画のネタにして、描かせてもらいました。その彼は、今考えても本当にどうしようもない人でしたね。実に巧妙なウソをついて、「お金を貸してほしい」と言うのです。「いついつにはお金が入るから、それまでの間なんだけど、なんとかならないかな。借用書も書くし、なんなら俺の両親にも電話するから」と、一応きちんと聞こえる話をつけ加えます。

実際にお金を貸すと、これが返ってこない。ほかには、「このスニーカーが今流行っているんだけれども、なかなか手に入らないんだよね。欲しい？」と聞かれ、「うんうん、私も欲しい」と返事をすると、「先輩が買いつけをしていて、絶対手に入るルートを知っているから。サイズいくつだっけ？」とくる。で、サイズを伝えると、「先に手付金を渡さなきゃいけないので、1万円だけもらえる？」って。「えー！」と思いながらも言われた金額を渡したところ、それっきり、ということもありました。

私以外の人にも同じ手を使っていたようで、ある時一緒に街を歩いていたら、何人にも「ねえ、あの時のアレ、どうなったの？」と声をかけられていました。もちろん、スニーカーが手元に来ることはありませんでした。当然、手付金も戻らず、です。

このように「たぶん、ウソだろうな」とわかりながらも、「この人はいったい、どれだけ巧妙なウソをつくんだろう？」と、だんだん面白くなってきて、作品の「ネタ」としてあえてだまされてお金をあげてみたりしました。そして、それをすべて作品に使わせてもらいました。**いろいろと描かせてもらったおかげで、彼に貸した分以上のお金が原稿料や印税として返ってきました。**

これ、お互いに利害の一致とでも言いましょうか。だから、その人に使ったお金はすべて回収済み。いろいろと勉強もさせてもらいました。

よく聞く話で、結婚前に、実はダンナさんにけっこう借金があって、それを奥さんが完済してあげた、というのがあります。でも結局、そのダンナさんが立派になったら、それ以上にリターンがあるはずだから、その借金の肩代わりは「チャラ」になります。そう考えると、それも立派な「投資」と言えるのではないでしょうか。ちなみに、借金が多少あるくらいの男の人のほうが面白い人が多いですしね。

なんにせよ、**使ったお金はすべて回収できている**、と振り返ってもそう思います。

——お金にまつまる失敗談

FX、株——お金のプロとして試してみた結果は……

私自身、お金ではいろいろ失敗しています。

根拠なくレバレッジをかけてのＦＸや、個別株を買ってすったこともあります。仕事柄、投資の話もするので、自分で身をもって体験してみないといけないと思って試してみました。経験したことでないと、誰かにアドバイスできませんからね。

しかしながら、気が進まないけれど、仕方なく……という思いでやると、やっぱりうまくいかないことが多い。

たとえば、ＦＸなどは一晩で30万円勝ったのに、欲を出したら、翌日には40万円やられました。ＦＸは、１カ月にもらう給料くらいの金額がびゅんびゅん動くんですよね。怖いですね、本当に。これは経験して、実情がよくわかったので、もうやっていません。

私以外の話で言えば、不動産などで大きな失敗をしている方もいます。家を買ったはいいものの、払い切れずに自己破産した方もいらっしゃいます。

かつて、不動産は、信用さえあれば頭金を入れずに全額ローンでまかなうという「フルローン」でも買える時代がありました。今は、銀行の審査が厳しくなりましたから、なかなかそういうわけにもいかなくなりましたけれど。

ある方は全額ローンで5000万円ほどのマンションを買いました。

ところで、マンションなどは車と同じで、買って、玄関のカギを開け、トビラを開いた瞬間に価値が下がるものです。たとえば、5000万円のマンションだったとしたら、住みはじめた瞬間に3800万円に落ちるとかはよくある話。この方の場合も同様です。

そして、これまたよくあることですが、家を購入した直後に会社から異動の辞令がおりて、転勤することになってしまったのです。

こういう場合、売るか貸すかしなければいけないわけですが、すでに評価額が下がってしまっているので、売っても1000万円ほどの赤字になってしまいます。全額払えれば問題ありませんが、払えない場合には抵当権が消えません。つまり、売却できないのです。また、第三者に貸した場合でも、ローンよりもかなり下回った金額の賃料しか入ってこない場合もあります。

そのうえ、うまく家を賃貸に出した場合でも、一時的に「空室」になってしまうと、その間は収入がないのにローンは払い続けなければならないという状況に陥ります。挙句に、ローンを結局払いきれずに自己破産、というパターンもあります。

大きなお金が動く株やFX、不動産には、大きな落とし穴がいっぱい隠れているので、どうか気をつけてください。

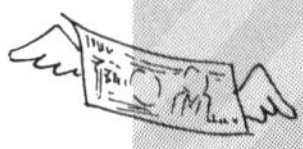

2章

使う

人生が楽しくなるコツ、教えます

30代前半の私は
某ブランドのバッグに
はまっていまして…
もし100万円あったら…
ひとつ
100万くらいの
バッグをいくつも
買っていました
そんな私に
故・中尊寺《ちゅうそんじ》ゆつこは
エリカちゃん
同じバッグばかり
いくつも
買わなくても
いいんじゃない？
正論!!
でもね！
同じじゃ
ないのよ！
色違いとか
素材違い
とか
あのさー
もっと
お金の使い方
考えたほうが
いいよ
100万円
あったらもっと
いろんなことが
できるよ？

例えば
私なら…
今
自由に使える
100万円が
あったら
ニューヨークで
個展開く!!
え!?
ダウンタウンの
安い画廊
借りて
GALLERY
そのへんの
Bボーイに
こづかい渡して
集客して
簡単な
レセプション
パーティ
やるね
それが
自分の
キャリアに
なるんでしょ?
それが
生きた100万円の
使い方だよ
彼女には人生の局面で
いろんなことを
指南されました…

心のデトックスだから定期的に必要！
——お金を使う効果は？

お金と出産には「共通点」があるように思います。どちらも**「デトックスをしてくれる」**という点ですね。

お金は人の手を渡り歩いてきた、汚れたものだと言われています。ですから、それを出すことで、自分の中の毒も一緒に出て行ってくれるように思うのです。

出産の際には、胎盤《たいばん》や羊水《ようすい》、血液などと一緒に、体の中にたまった余分な老廃物も流してくれると言われています。出産が「体のデトックス」だとしたら、**お金は「心のデトックス」**ではないでしょうか。だから、お金を使うと気持ちがスッキリするのではないかと。

そして、定期的にやらないといけない気がします。

そもそも、「買い物をする」という行為自体に高揚感があって面白い、という面があります。独身時代は、服を買って家に帰ったら、紙袋に入った状態でそのまま置きっぱなしということもありました。結局そのまま一度も着ずに「タンスの肥《こ》やし」になるものもあれば、洋服の正札がついたままクローゼットにぶら下がっていたりするものもありました。

でも、「お金はまず使いなさい」と聞きます。

人はそれぞれお金の「器」を持っていて、その器に合った循環をしていれば、お金はきちんと回り続けると。そのためには、まず使う必要がある。お金を使わなければ、たとえどんなに大きな器を持っていてもうまく循環しないと言うのです。

そして、お金は使ったただけ入ってくる。お金の神様は「貯金＝使わない分、余った分」と解釈するそうです。だから、貯金が増えれば増えるほど、「余っている分が多くなる」、つまり、「その人は多くお金を余らせている＝必要がない」と解釈され、流れてくる分が少なくなる、という話も聞いたことがあります。

思い返してみると、以前「400万円貯まった！」と喜んでいたら、その翌月に収入がほぼゼロになったことがありました。お金の神様が**「余剰分があるのなら、いらないのだな」**と思って、お金の流れを少なくしたのかもしれません。やはり、お金はしっかり使って循環をよくしたほうが、また入ってくるのではないでしょうか。

お金を使ってストレス発散！はダメ

——お金を使うときの注意点

よく、「ストレスがたまった時の発散方法として、買い物をしてパーッとお金を使う」という方がいらっしゃいますが、お金を使うことで気持ちがスッキリする、という構図がそもそもよくないように思います。**スッキリする使い方、というのはまず買い方としてよくない**ですね。

たとえば、私は車が趣味ですけれど、車を買ったからといって、全然スッキリはしません。**車はれっきとした「資産」**だと思っているからです。

お金を使って車を買ったからといって、すべてが消えるものではありませんよね。車は資産として残ります。

そもそも、「お金を貯めよう」とする気持ちも違うのかな、という気がしています。なぜなら、そこには「ガマンして」とか「頑張って」とかいう気持ちが隠れているからです。

「使わないようにしよう」と思っている時点でストレスがたまりますよね。

本来、貯金というものは、「自然と貯まる」ものなんです。実際、お金を貯めている人は、ガマンしたり、頑張ったりしていないから、そこにストレスも感じない。

「買い物をしてストレス発散」ということは、今までお金を使わないことでストレスをためてきたことの裏返し。

使うことがうれしい、と思っている時点で、「お金を使わないようにガマンしている」のでしょう。

そう考えると、なにより大切なのは**「使う」と「貯める」のバランス**だと思います。

だって、あれば使いたいですよね

――そもそも、なぜお金を使うの？

以前、この本の出版元でもある飛鳥新社さんから『エリカ選集』という作品集を出していただいたのですが、おかげさまでずいぶん売れました。今でも、その時の編集者さんに言われるんです。「あの印税を全部貯めておいたら、本当に家が建ったよ。今、持ち家だったのにね」って。私の印税を勝手に計算しないでほしい……。

1巻刊行されるごとに、ロンドンに行ったり、パリに行ったり。「みんな、ハワイに行くぞ！」と、アシスタント全員に親と親戚のおばさんを連れて10人以上で、最高級ホテルのひとつ、ハレクラニに泊まったこともありました。それから、カルティエやシャネルに消えた分もありますね。全10巻でしたが、景気よく使ったら、すべてあっという間に消えていました。

ちなみに、社員旅行で2回ほどハワイ4泊6日に行っています。ある時、アシスタントのひとりが「成田空港」集合なのに間違えて「成田駅」に行ってしまい、フライトに間に合わないことがありました。結局、正規料金でチケットを買い直して翌日やってきました。もちろん、その分の費用も私持ちです。意味わからないですよね。

しかも、高いホテルに泊まったというのに、みんな喜んでいないのです。「ホテルのロビーで、『ビーチサンダルでは歩かないでください』と怒られた。こんな堅苦しいところになんて泊まりたくなかった。もっと安いホテルでよかった」なんて言われて。

さらに、旅行前に「リムジンをチャーターして、ピクニックバスケット頼んで、ハナウマベイにでも行こう」という話をしていたのですが、実際にホテルに行ってみたらそのピクニックバスケットがひとつ2人前で3万円くらいすることがわかりまして。「私たちはいったいいくつ頼めばいいの？　高くつき過ぎるからやめよう」と言ったところ、「先生はケチだ」と、恩を仇《あだ》で返される始末。もう踏んだり蹴ったりですよ。

そんなこんなで、いただいた印税もすっからかん。でも、お金が入ったら使いたいですよねえ。お金を使うのは、本当に簡単だと思いますよね。

――使うときのコツってありますか？

ダイエットとお金の意外な共通点

使いたいから貯める、という要素も当然あります。

私は、お金を貯めるために楽しみを「お預け」にするとか、理性で欲求を抑え込んで、といった「お利口型」の貯め方はできないタイプです。やってみたいことにはお金をかけてでも果敢にチャレンジしたいし、ちょっと高いお店にも行ってみたい。そう思った時にはきちんとお金を使いたい。それができるように、お金を貯めるようなところがあります。

友人にダイエットしている人がいます。

「どうしてダイエットしているの？」と聞いたら、普通は「最近、体型が……」とか「ちょっと太ってきちゃったから」というような答えが返ってくるものですが、その人は「食べたいから」と言うんです。

曰《いわ》く、「自分は食べたらすぐに太る体質だから、ちゃんとしたものを食べる前にはダイエットをして、一度落とす」のだそう。「この日にレストランを予約して、コース料理をしっかり食べたい」と思ったら、その日に向けて食事制限などをして、一度体重を落とし、当日ガッツリ食べてもプラスマイナスゼロになるよう調整しておくというわけです。

それってメリハリですよね。「ああ、自分はお金に対して、同じように考えているところがあるな」と思いました。**「なにかの時にしっかり使いたいから、その前に貯める」**という考え方なのだな、と。

そういう意味でお金の使い方とダイエットって、どこか似ているところがあります。お金は、節約もせずに欲しいものをただただ買って使い続ければ、どんどん手持ちがなくなっていく。体重は運動や食事制限もせずに、食べたいものをただただ食べ続けていたら、どんどん増加の一途をたどります。

お金を使う時にはしっかり使う。絞る時には絞る。そんなメリハリをつけるのが、無理のないお金とのつき合い方なのではないかな、と思います。

ずっと節約し続けるのも、ずっとお金を使い続けるのもよくないのです。

――お金の使い方は変わりますか？

カップラーメンの値段は夫に教わりました

私の場合、子どもが生まれたことで、経済感覚は変わったように思います。子どもの成長とともに、「学校給食が月にいくら、学費がいくら」というような暮らしになり、徐々に普通になってきました。

そのうえ、夫のプレッシャーもあります。「特売日、○○が98円！」と、まるで念仏のようにスーパーで売っているものの値段を唱えるのです。一度、カップラーメンの値段を聞かれて答えられなかったのですが、以来、事あるごとに蒸し返されます。

私はこれまでスーパーに行ってもあまり値段を見ずに買い物をしていたので、ものの値段がわかりません。

一方、夫はかごにものを入れるたびに、「はい、これでいくら！」と脳内そろばんをはじいていくんですね。実際、レジのお会計もぴったり合っています。

車で買い物に行く場合は、常に駐車場がタダになるギリギリの金額をねらいます。たとえば、「2000円以上お買い上げにつき、駐車場2時間無料」だったら、だいたい2100円に収まるようにするわけです。買い物途中で、私が「あ、このスープがほしい！」と言うと、必ず「いくら？」と聞いて、頭の中で計算してから「ならいいよ」と返してきます。このような生活にようやく慣れてきました。

洋服についても、「この洋服は高いな」というのはわかるようになりました。たとえば、シャネルに行ったとき、「シャネルの服って高いね」って思うようになりました。以前はわからなかったんですよね。「素材に凝《こ》っているんだもの。このくらいはするわよね。さすがよね」と、別の意味でわかっていたんですけども。

でも、ここまでの感覚になるのには、だいぶかかりました。子どもが生まれてもう15年ですから。

――お金に対する意識を変えるには

「成功者」より「失敗者」に学べ

人は環境やステージが変わることで、お金に対する意識も変わります。私の場合は、司法書士事務所に入ってから。困っている人たちを多く見るにつれて、自分自身も変わっていったように思います。

毎日、借金を抱えて苦しんでいる人の話や食べられなくて困っている人の話を聞いていると、「こうやったらうまくいった」とか「こうやって失敗した」という話が出てくるのです。さまざまな逸話を自然と自分に重ね合わせて考えたものです。

そういう意味で、貯められない人から教えてもらったことが数え切れないほどあります。

「成功者から学ぶ」というのももちろんアリだとは思いますけれど、実は失敗者からも教えてもらうことはすごく多いんですよね。

お金に失敗した人たちに学んだところが大きいので、「そのお返しをしたい」という意味合いもおおいにあります。

本当にこうしたほうがいい！　と思ったことは、相談者の方にかなり真剣に伝えてきました。19時くらいから面談をはじめて、気づいたら夜中の0時を回っていた、なんていうこともありました。ご要望があれば、不安があることに対しては何時間でも、ご理解いただくまで徹底的に話し合って、伝えていました。

本気で怒って、相談にいらした方を泣かせたことも数知れません。「俺も頑張っているんだ。だから一緒に頑張ろうぜ！」という気持ちで、燃えていましたね。

「借金を抱えている人の相談に乗って、ビジネスになるの？」

とか、

「そういう人たちばかりを相手にしているとストレスもたまるでしょう？」

などと言われましたけれど、ちっとも苦になりませんでした。

それは今も同じ。なぜなら、自分も同じような経験をしたので、その方たちの気持ちがよくわかるからです。

――何にお金を使いますか？

私の「マイブーム」遍歴

30歳くらいの時、怒濤《どとう》のファッションブームがありましたが、最近は、ハイブランドの洋服を見ても欲しいと思わなくなりました。

第一、着ていく場所がありません。お洋服はやはり着てなんぼですから。以前は夜遊びにでかける際には、必ずいい服を着ていましたけれど、今はそういう場所にもめっきり行かなくなったし、不景気だからなのかパーティも減っています。めかしこんで行く場所が少なくなりました。

ブランド服とのつき合いが切れたのは、妊娠したことがきっかけです。どんどんお腹が大きくなって体型が変わっていくから、好きな服が着られない。それが理由でブランドとのつき合いが一度途絶えたのです。

その後、子どもが育ってきてからは、だんだんと着るものも変わってきました。家族一緒に出かける時に、私だけハイブランドの服を着ているると、浮いてしまうのです。

「客観的に見て、この図、なんかおかしいでしょ？」という気がしてしまって。

ご主人がスーツを着るようなお仕事であれば、妻がハイブランドの服を着ていても違和感ないかもしれないけれど、うちの夫はカジュアルだし、子どもたちも汚れていいような服ですし。そんなカジュアルテイストの中にブランド服を着た私が入ると、なんだかとてもおかしいのです。

すると、感覚も変わってくるものですね。これまで安いと思っていたブランドもののセーターが「あれ？　高くない？」と感じるようになりました。

「洋服にお金をかけることが少なくなったから、これはお金が貯まるのでは？」と思ったこともありましたけど、これが残念ながら……。

今度は、家のインテリアなんかに凝りはじめちゃったんですね。

「ずっと家にいる仕事だから、やっぱり気持ちいい空間がいい」

そう思うと、いいものが欲しくなってしまうんですよね。で、カーテンなどを買ってしまって。それが一段落したと思ったら、今度は着物ブームがはじまりました。そう考えると、定期的に自分の中で流行りがあって、なにかしらお金を使っているような気がします。

ちなみに、子どもを産んだあとしばらくは物欲がなくなりました。「世の中に子どもという、こんなにもかわいくて、大事で、ステキなものがあって、いったいほかになにが必要なの？」って思っていましたから。その時はお金を使いませんでした。

けれど、それもほんの一瞬。子どもが生まれてから2カ月くらいまででしょうか。母乳で育てていたので、外に出られるようになったら、「授乳に便利な洋服を買わなければ！」という気持ちが芽生え、意味もなくグッチやエルメスをのぞいていました。

「あれ？ 授乳服ってここにあるんだっけ？」と疑問を抱きながらも、前開きのドレスっぽい服を見ては、「あら、これなら授乳にも使えるわね」と思ったりなどして。

一度、エルメスで革のジャンパースカートのようなドレスを買ったのですが、実際に授乳時に使ったらこぼれてシミになってしまい、結局1回しか着られませんでした。

それから、子ども服にお金をかけたこともありました。けれど、小学生くらいになるとこれがなかなか着てくれないのです。どんなにかわいいものを買っても、見向きもせず、「楽なほうがいい！」と言って、着古したジーパンにTシャツばかり。高い服を買うのが、なんだかアホらしくなってやめました。今は、おしゃれなママさんからお嬢さんのおさがりを定期的にもらっています。

ところで、一般的に、主婦が旦那さまに相談せずに使えるお金というのは、どのくらいまでなのでしょう？

私は自分で稼いでいるということもありますが、さすがに10万円くらいになると後ろめたいものを感じます。とは言っても、銀行の口座残高を見て、まだあるな、という時には「えい、いっちゃえ！」と思い切ってしまうこともありますが。支払う前に「これ、今買っても大丈夫かしら？　今月、学費払ったかしら？　引き落としは終わった？」と一応確認はします。

でも、**なぜか悩みに悩んで清水の舞台から飛び降りる気持ちで買ったものほど使わないのです。**逆に、「これでいいかしらね」というくらいの気持ちで適当に買ったもののほうをよく着たりするから不思議です。

ムダづかいは１日でやめられる！

——使い方は変えられますか？

横山

今でこそ、お金の専門家としてかっこいいことを言っている私ですが、20代のころは、お金は**「あれば使う」**派でした。若かったせいもありますが、何にも考えないで使っていた、というのが本当のところです。貯金はもちろんゼロ。

予備校時代には、パチスロにはまりました。もうプロになりたいくらいの勢いでしたよ。予備校に通う代わりにパチンコ屋に日参。「モーニング」といって、朝一番に来る客向けに、客寄せとしていきなり当たりが出るよう店が仕込んでおくのですが、開店前から並び、それをねらうのです。

本来はコインを3枚入れるのですが、1枚入れてレバーをたたいた瞬間に「モーニング」の台は動きが違うんですね。1発は必ず当たるので、普通に1000円ずつ買うよりもいいんです。結局、予備校ではなく、パチンコ店で学生仲間と会って、朝から晩まで入り浸り、という暮らしをしていました。

おかげで、高3のころはけっこう成績が伸びていいところまでいっていたのに、浪人時代には学力が落ちるという、非常にまずい時期もありました。バイトで得た6万円をパチスロにつぎ込み、1日で使い切ったこともあります。

5年くらいはやっていたでしょうか。当然勝つこともありましたが、トータルすると月10万円くらいのペースで負けていたように思います。今考えると、お金も時間も、ずいぶん刹那《せつな》的な使い方をしていましたね。

今はギャンブルからきれいに足を洗っています。

それはスパッと、ある日突然「もう働いたほうがいいや」と思ったのです。ギャンブルも楽しんで行なう分にはいいと思うのです。けれど、私は「今日はこの元手をどう殖やそうか」とそれしか考えていなかった。殖やすための「手段」としてのパチスロだったんですね。

なので、**「お金を殖やしたいのなら、仕事したほうがいいんじゃないか」**と、ある時気づいたわけです。今はパチンコに対する興味もなくなり、パチンコ屋さんに行くなら休んでいたい、とか違うことをしていたい、と思うようになりました。

こんな私でも貯められたわけですから、ほかの誰にでも貯めることはできるように思うのです。

たとえ、今借金があるとか、貯金がないという人でも、いや、そういう追い詰められた状況であればあるほど、変わるチャンスなのではないでしょうか。

昔は洋服、今は着物にバレエ鑑賞

――お金をかけるならこれ！

最近、お金をかけていることと言えば、趣味のバレエ鑑賞でしょうか。

3年に一度、スターダンサーが東京に集まる「世界バレエフェスティバル」が開催されるのですが、チケットは取りにくく、しかもとても高い。一番取りにくいのがガラ公演（選りすぐりの場面を集めたハイライト公演）ですが、これがS席で1枚2万9千円。そのほかに、Aプロ（フェスティバル前半のプログラム）、Bプロ（フェスティバル後半のプログラム）があってそれぞれS席で1枚2万6千円です。

加えて、その前の月には幕開けに「全幕特別プロ」があったり、前夜祭的な催しがあったりして、すべて行くとけっこうな出費になります。以前は、夫と一緒に行っていましたが、倍の値段かかるのがなんだかアホらしくなったので、今ではひとりで行っています。

結婚する前は、もうとにかく洋服やアクセサリーなど、身に着けるものにお金をかけていましたね。28歳から35歳までの7年間が、私にとっては怒涛のハイファッションブームでした。

いろいろなブランドの担当者から「桜沢様の好きそうなお品が入荷いたしました～」と電話がかかってくると、「じゃあ見に行くわ」と出かけ、別室でシャンパンなどをサービスされたら、ついついお財布が開いてしまい……。最盛期には、年間で２０００万円ぐらいはファッションに費やしていました。

ファッションの流行はサイクルが半年なので、**半年ごとに新しいものを買わなければいけない**のです。

そのサイクルを続けなければいけないのは、かなり大変。買ったものの中には、もちろん数年着るものもありますが、新しいものがやっぱり気になるのです。そして、去年着ていたものは「ここが違う」と古く感じてしまって。サングラスも、毎年買わないと、ちょっと形が違うのです。だから、恐ろしくもありました。

でも、妊娠を機に、半年間買うのをガマンしたら、なんだかスッと憑《つ》き物が落ちたようになりました。次の半年分を買わない、ということをやるとどうなるかと言えば……。別にどうでもよくなりました。ファッションは今も好きですけれど、以前に比べて一歩引いて見られるようになりました。

今考えると、**なぜあんなに湯水のようにお金を使っていたんだろう**、と思います。食事ももちろんほぼ外食。夜遊びしたり、お酒を飲んだり、おごったりもしました。久しぶりに会う人に、「あの時、エリカさんにお酒をおごってもらいましたよね」とよく言われます。本人は覚えていないのですが、きっといっぱい飲ませていたのでしょう。エンゲル係数も高かったはずです。

そういう意味で、今はあのころに比べたら、ずいぶんまともになってきたように思います。以前よりお金は使っていないはずなのに……どうしてお金がないのでしょうね。

「変だな変だな？」ってずっと思っていたんですけれど、最近やっと気づきました。お金もひとりで使うのと家族で使うのとでは違うんですよね。

たとえば、手元に10万円あったら、独身のころはそれをどう使おうとすべて自分の自由だったけれど、家族がいると、４人分の食費がかかるし、塾やおけいこのお金も必要です。「そんなにお金を使っていないはずなのに貯まらないって……あっ！　家族がいるからだ！」ってようやく納得しました。

最近は、ネット通販をよく利用します。自分の中でよく「アマゾン祭り」とか「楽天祭り」を開催しています。「今日もまたなにか届いたけど……」って、夫にすごく怒られますけれど。夫も家にいるので、ナイショにできないのです。

私は今、ガラケーを使っていますが、スマホじゃなくて本当によかった、と思います。スマホだと、電車の中でもネットショッピングができますよね。私がもしスマホを持っていたら、絶対に電車の移動中にお買い物しているはず。怖いので、もうしばらくはガラケーのままでいく予定です。

時間を選ばずに買い物できるというのは、便利と言えば便利ですけれど、やっぱり中毒性がありますからね。特に夜は怖い。「夜中のラブレター」と同じで、朝になって見たら、「あれ？　なんでこんなに盛り上がっていたんだろう」という感じでね。ワンクリックで買えてしまう設定はよくないですね。「買い物カゴ」に保存しておいて、しばらく時間を置いてからもう一度考えてみる方法にしてみようかとも思っています。

家、人、そして車にはお金をかけます

——使っていいお金って？

私がお金をかけているのは、大きく分けて3つ。

住居費、交際費、そして趣味の車です。

住居は、なんといっても、家族みんなが集まる場所だし、そこが基盤になるものだと思うんですよね。**「家族を守るための大事な箱」**だと思っています。だから、あまり狭かったり、古かったりすると気持ち的にもギスギスしてしまうと思うし、職場から遠い場所だったりすると、すべての動きが悪くなってしまうように思うのです。ですから、勢い、交通の便がよいところを選ぶことになります。

また、家族の人数が多いから、マンションではなく一戸建てを選ぶことになる。結果として、家賃は高めになりますが、そこは妥協できないと思っています。

また、人とのつながりを大事にしているので、交際費はケチらずに使わせてもらっています。私はほかの方々に助けていただきながら生きてきているので、そこに感謝したいんですよね。いわば**「感謝の証《あかし》」**ですね。

それから、飲み会に行ったりすることは、**将来に対する「投資」のひとつ**とも考えています。そこで仕事の情報を得たり、人脈をつくったり、そこでの出会いから次の仕事が生まれたりすることも多いからです。

夫婦で予算をしっかりと決め、帰宅後にはふたりで「振り返り」を行なっています。仕事につながる飲み会であれば、「投資してよかったね」、グチに終始するような飲み会であれば、「残念だったね。次からはこういうのは行かないようにしよう」などと反省をするのです。

そういった投資の積み重ねによって、おかげさまで今では札幌や東京をはじめとする全国各地に、仕事関係の強いきずなが生まれました。これこそ、交際費をしっかりと使わせてもらったおかげです。

もうひとつの車。これははっきり言って娯楽です。**自分にとっての「ごほうび」**とでもいいましょうか。

お金の仕事をしているので、よく雑誌などの取材には「カーシェアリングがいいよ」とか「レンタカーのほうが効率的ですよ」と言っています。お金のことだけを考えたら、マイカーを所有した場合、「買ったお金と駐車場代とガソリン代、すべてあわせたら、1回いったいいくらっかってんねん!」と、間違いなく突っ込みが入るでしょう。コストだけで考えたらばかげているのは重々わかってはいます。

でも、私の場合、車を持つことはお金では買えないものがあるのです。**お金に関係なく、所有することに価値があるん**ですね。本当に好きなんです。だから、許してもらっています。まあ、言い訳ですけどね。

かつては、「勉強」のためにもずいぶんお金をかけたように思います。資格取得のための学習講座代や参考書代など。それから、いっぱしになるまでは「学ばせていただくこと」こそが報酬だ、と思っていたので、自己負担で修行に行ったこともありました。それらがすべて自分の身に着いた、というわけではありません。

もちろん最後までモノにならず「ムダにしてごめん!」ということもありますし、今の仕事には残念ながら生きていないところもあるでしょう。けれど、基本方針は、**「ないお**

金を出しているのだから生かそう。あきらめずになにかにつなげよう」なので、支出が単なる浪費ではなく、リターンにつながるように、常に考えてきたところはあります。

思い切ってお金を出して努力をしてもうまくいかないことも、はっきり言ってありました。ずいぶん悔しい思いもしましたし、落ち込むことも多かった。けれど、今考えると、この時の経験が、「お金をうまく使って残していく」という発想につながったように思います。

そして、**「支出を『消費』『浪費』『投資』の3つに分けましょう」「支出の内容を振り返り、次につなげましょう」**という、私の考え方の基礎になっているのです。

私は見た！「男の値打ち」が下がる瞬間

——お金の使い方で「評価」は決まる

私、特に男性はお金を使うべきだと思うんですね。

男の人は、お金の使い方に人柄が出ます。お金の出し方ひとつで、かっこよくも悪くもなれるのです。ちょっとしたところをケチケチされると、「セコさ」が見えて興ざめしますね。

このようなことがありました。男性ひとりを含む3、4人で1杯数百円程度のキャッシュオン（その場でお金を払う）の店に行きました。女の子のほうが多かったこともあって、お店の人が気をきかせて、男性に「まとめて請求していいか」と聞いたところ、その男性は「今、手持ちがない」と言ったのです。さらに「うちはカードも使えますよ」とお店の人が聞いたのだけれど、それには返答せず、私達に「助けてもらっていい？」と言うので、みんなでお金を出したんです。

ところがですよ。お酒を飲みはじめたら、「あ、別のところに1万円札が入ってた」と言い出して、びっくりしました。全部で1000円、2000円のことなのに、「カード でも」と言われてもケチって、現金もケチって。まさに男を上げるか下げるかという瞬間を見た気がしました。

お金は使った分だけ自分に返ってくるのではないかと思います。だから、自分のためであれ、人のためであれ、男の人はお金を使ったほうがいいですよ。

私、女友達によく怒られるんですよね。「男にお金を出させないとダメじゃないの」って。うちの場合は私が働いて、夫は家のことをやっているので仕方ありませんが、**「夫以外の男の子とか若い子たちに、おごったら絶対ダメ」**って言われます。女の子にはいいけれど、男の子には黙って「ごちそうさま」って言っていればいいのよ、って。でも、「お金はあるほうが出せばいい」と思ってきたので、性分としてできないのです。

すると、「この人なら、きっとお金を出してくれる」と思って寄ってくる「コバンザメ」みたいな、ちょっと鼻のきく男性が気づくと横にいる、ということがよくあります。

そういう人を見るたびに、「今はおごってくれる人がいて、コバンザメくんをやっていられるかもしれないけれど、将来、自分が上の立場になった時にどうするのだろう？」と思います。40代、50代になって、自分でお金を出さなければ、誰もついてこないのではないでしょうか。

おそらく、彼らはお金を払ってくれる先輩が「なぜお金を出してくれるのか?」という意味にも気づいていないでしょうし、それをありがたい、と思ってもいないでしょう。一方、そのことに気づける人は、きっと自分が同じ立場になった時に同じことができるはず。

誰かのためにお金を使わずに貯めているばかりでは評価も上がらないし、人もついてこないと思うのです。

金融投資よりも、まずはこんな「身近な投資」を

——リターンの大きい使い方は？

ちょっとお金をケチっただけで、人の評価は簡単に下がるもの。

先日、食事に行った際に、隣のカップルを見ていたんですね。会計時に、男性が「じゃあいいよ、俺が少しぐらい多く払うよ」と言っていました。

今の若い人たちは、男女間でもお金のことはきちんと分けるというか、しっかりやっていますね。でも、これで男性の評価が下がったりはしないのだろうか、とふと思ったりしました。

そういう私は見栄っ張りで虚栄心がすごく強いのかもしれませんが。

先にもお話ししましたが、私は特に交際費にはお金をかけています。それは、相手への「感謝の証」として、そして将来への「投資」です。私は、常に「人に生かされているなあ」

と感じているので、そのつながりを大切にしていますし、人とつながることで、次の仕事もつながってくると考えているからです。

その気持ちをきちんとくみ取ってくださる方がいて、ずいぶん前のことなのに「横山さん、前に払ってくれたからいいよ」とさりげなく覚えていてくれると、「お金を使ってよかったな」と思います。いくらでもお金を出していいと思えるし、実際、そういう方とは関係も続きます。そう考えると、**お金を使いながら、人を見極める**というところがあるかもしれません。

一方、お金を使っても、「おごられたってなんでもないわ」と思われる態度が見えると、ちょっとがっかりします。それとともに、「『ごちそうするよ』と言って接待して、ずいぶん上から目線だな、と相手に映っていないか？」とか「相手は本当に喜んでくれているのだろうか？」などと不安になることもあります。

一方で、対人関係にお金を使う葛藤《かっとう》もあります。会社では、ふせんひとつにしても、買うか買わないかを議論しているというのに、一方で会社の代表である私が一晩に何万円も使っているのは、「なんか違うんじゃない？」と反省モードになってしまうこともありますね。

「『年収200万円からの貯金生活宣言』の著者がこんな暮らしをしているなんて、二枚舌だと思われないかな」

なんて思ったり、根が貧乏性なのか、もともとの気質なのか、お金をパーッと使うことができないのかもしれませんね。

でも、世の中にいろいろな金融投資があるなかで、**「人」や「自分」に投資することこそが、実は一番リターンが大きい**ように思います。

人に対して使うお金は、自分への評価に大きく影響する。そう考えると、交際費は決してムダではない、と言えるのではないでしょうか。

コンビニムダ論

——使いたくないお金

いろいろとお金を使ってきている私ですが、**コンビニでお金を使うのはよくないという持論があります**。なぜなら、コンビニは、「欲しいものがあって行く」のではなくて、欲しいものがなくても「何かないかな」という目線で訪れて、適当に買うことが多いから。そういう使い方はあまりよくありませんよね。

うちに来ているアシスタントさんは以前、仕事が終わると帰り道に必ずコンビニに寄っていたそうです。なんとなく仕事の気分を家にそのまま持ち帰りたくなくて、気分転換の意味で立ち寄り、それほど欲しくなくても何かを買って帰るという生活を送っていたと。でも、気持ちを変えるためにお金を使う、というのはもったいないですよね。

そのアシスタントさんは、以前は私のオフィスの近くに住んでいたので歩いて通っていましたが、私が引っ越しをしたことで、電車で通うようになりました。で、その移動時間に音楽を聴いたり、スマホでニュースを見たりするようになったら、コンビニに寄らなくなったそうです。電車での移動が、コンビニに代わって気分転換の役目を果たしてくれたというわけですね。

コンビニで毎日ちょこちょこと買ってスッキリした気になるのなら、それを少しガマンして、もう少し大きいものを買ったらどうでしょう。そのほうが、スッキリする度合いが違うように思います。

コンビニに限らず、100円ショップなんかも同様です。欲しいものがなくても、なにか買いたくなる。ついなにかを買わなければいけない気になってしまいます。

「こんなに買って1000円いかないなんて……」という気持ちになったりしますが、それに果たして意味があるのかどうか。そういうところで小さなお金を使って、一瞬の「スッキリ」を楽しむよりは、高くても長く使えて、ずっとかわいがれるものにお金を使ったほうがいいのではないか、と思うのです。

それに、コンビニのにおいが私はどうも気になります。

揚げ物のにおいや、おでんのにおいなど……、店に入った瞬間に油をまとった感じになり、店を出る頃には自分にもすっかりから揚げのにおいがまとわりついていることが多いです。

以前、あるコンビニを訪れたところ、例にもれず独特のにおいがしたのですが、なんと水を買ったら、ペットボトル容器までにおったのです。それだけでなく、買った生理用のナプキンは、なんと個別の袋の中にまで。きっと、店内の空調がよくないんでしょうね。

それ以来、「水が欲しいな」とか「ちょっとお菓子を買いたいな」という場合でも、コンビニには寄らずに、駅の売店とかちょっとしたスーパーやドラッグストアに行くようにしています。よっぽどの用がない限り、コンビニには近寄りません。日本をダメにしている原因のひとつにコンビニがあるのではないだろうか、と思うほどです。

通信費と保険料は最小限に
——使いたくないお金

私がお金をかけたくないのは、**通信費と保険料のふたつ**です。

携帯電話に月7000円も8000円もかけたくないので、常に安いものを考えています。今は格安のSIMを利用して、月に1134円とか1500円程度に抑えていますね。

実は、そもそも電話というものがあまり好きではないのです。普段、事務所にほぼ1日座ってお客様の相談を受けているので、電話が鳴っても取れません。また、人と話す仕事をしているので、それにプラスして電話でまで話をしたくないんですね。実際、電話が鳴ってもまず見ません。そういう調子なので、通信費にはお金はかけたくないところがあります。

それから、生命保険にもお金をかけたくありません。

この仕事をしている私が言うのもなんですが、「本当に必要なものだけをカバーしましょう」というのが保険の考え方だと思っているためです。

健康だった若いころには、保険にまったく興味もありませんでした。保険の外交員さんに頼まれて加入したこともありますが、イヤだったので、途中でやめてしまったんですよね。そのほかに、お金がなくて3カ月間保険料が払えず、失効してしまったこともありました。

今は、糖尿病持ちなので、たとえいい保険商品にであっても加入できないのが、ちょっと悔やまれることのひとつではあります。

自分を大きく見せるためのお金はだいぶ減ったかも

――使うべきとき、締めるべきとき

たいして欲しくないのに、言ってみれば「見栄」で使うお金。今はだいぶ減りましたけれど、昔はよくありました。

たとえば、行きつけの洋服屋さんで、たいして欲しいものがなくても、関係性を維持していくために「小物やスカーフを買うわ」と、なにかしら購入。「この店員さんにはよくしてもらっているから」「私の担当だし」と思ったら、とても手ぶらでは帰れなくなってしまって。

今は、そういう店自体に近寄っていないので、店員さんのためにお金を使う必要もなくなりました。百貨店に入っているブランドショップには、よくしてくれる顔見知りの店員さんがいっぱいいますが、最近は「夫がケチでうるさいから、今月も買えないのよー」と言うことにしています。すると、「ああ、もう見るだけ見て行ってください」って言ってくれるので、安心して商品を眺めるだけ眺めて帰ることができますよ。

着物を着ていく、というのもひとつの手です。着物を着ていると、まず試着ができません。足袋《たび》をはいているから、靴さえはけないんです。

「もう、今日、こんなだからね。試着もできないのよ。ごめんなさいね」で終わり。試着をすると「ああ、やっぱりいいわね」と欲しい気持ちが生まれがちなので、着物は自分にとってもいい防衛策になります。店員さんも納得して、「今度はきちんと試着できる時にいらしてくださいね」で終わるわけです。

これが、みんなでごはんを食べる場合などには、ケチケチせずに自腹を切ります。そのような場で、「会社の経費で落とす」というのは、ちょっとカッコ悪い気がします。

以前つき合っていた男性が、仲間の飲み会などに行くと、いつも「僕出しますよ。経費で落としますから」と払っていたのですが、「仲間なのだから、割り勘でいいじゃない？」と思いました。いい人ぶろうとしているのか、「この人と一緒にいたら、いいことがある」と思ってもらおうと狙っているのかわかりませんが、なんか姑息《こそく》な気がしまして。

私は仕事のあととか、忘年会などでは、もちろんアシスタントさんの分の支払いもしますけれど、**個別に映画やお芝居を観に行くというような時には割り勘**にしています。

そういう時にも私がお金を出すとアシスタントも恐縮してしまうので、きちんと線を引いておきたい、という気持ちがあるんです。

普段と「ハレの日」で予算をこう変える

――使っていい「上限」の決め方

私の中には、1回の食事にざっくりとした予算があります。

たとえば、お寿司ならだいたいひとり○○円くらいまで、イタリアンなら○○円、お酒を飲むなら○○円くらい、と頭の中にとどめています。

そのほか、松竹梅ではありませんが、普段の食事なら○○円、ちょっといい時にはこのくらいまで、なにかの記念日などいわゆる「ハレの日」にはここまで、とランクごとの金額が頭の中で決まっています。

それを超えると、なんだか心が痛くなるんです。たとえ、食事がおいしかったとしても、味よりも金額がつい気になってしまって。なんとなくイヤな気分になってしまうのです。

うちの場合、お誕生日などの特別な日は家族全員、つまり8人で食事に出かけるので、いきおいその総額も大きくなります。ですから自然と「今日の費用はこのくらいまで」と考えてしまうのでしょう。

誰かのためにお金を出すのはまったく問題がありません。むしろ、お世話になっている誰かのためにこそ、お金を使いたいと考えています。でも、「この食事には、このくらいの金額までしか出したくない」という基準があるので、予算以上のものを出すのに抵抗があるのでしょう。

お金が減ってしまうことに対する嫌悪感というよりも、**お金を必要以上に使うことに対する嫌悪感**なのかもしれません。

だから、食事はまだしも、高級クラブやキャバクラのような、女性がいる店は、はっきり言って意味がわかりません。絶対にひとりでは、たとえどんなにお金を持っていても行かないですね。同じ金額を出すのであれば、すごくおいしいものに払ったほうがずっといい、と思ってしまいます。

あとは、200万円でファーストクラスとか、仮に出そうと思えば出せるとしても使いたくありません。特に家族を養うようになってからは、自分で決めた予算以上のお金を使うと心が痛むようになりました。

ちなみに、趣味の車などを買って大きなお金が動くのは、感覚的にイヤなものが一瞬あります。でも、その車には「払った金額分だけの価値がある」と思っているから心は痛みません。車に払う金額の上限は割と高いかもしれませんが、自分で納得した部分に関しては、大きな金額のお金でも使うところがあります。

100万円手元にあれば……なかなかないですけれど

――いくらあれば満足しますか？

お金があるに越したことはないけれど、どのくらいあれば安心するのでしょう。

私の知り合いは、とにかく通帳の残高が100万円あれば、あとは好きなようにしていい、と奥さんに言われているそうです。それだけあれば、たいていの急なことには対応できるから、というのがその理由だそう。その人はすごく計画的で、住宅ローンを繰り上げ返済するのが大好きなので、手元に100万円だけ残しておいて余剰分を返済にあてるそうです。

100万円、たしかにそのくらいあれば心配はないと感じるかもしれません。でも、常に手元に100万円ある、というのは私の場合、なかなかありません。あっても1日限りなど、期間限定のことがほとんどです。

お金を貯めている人のことを、純粋にうらやましく思います。なにがあっても、これがあるから安心、という確固たる安心感がありますよね。そういう暮らしがしてみたいものです。

たまに、「貯金を切り崩して生活しています」という人の話を聞くと、**「切り崩す貯金があっていいな」**と思います。私自身は別に意識しているわけではないのですが、「宵越《よいご》しの金は持たない」といった、だいぶ江戸っ子な暮らしぶりです。お金を貯めている人には、「昨日より今日、今日より明日……」と、通帳にお金が貯まっていくのを見る快感や楽しみがあるのではないでしょうか。

ただ、お金って使うことで生きるものだと私は思うのです。貯めるのは楽しいかもしれないけれど、**ただ貯めておくのはどうなんですか？**と考えるところがあります。

今、若い人たちがお金を使わないと聞きます。将来に不安があってむやみに貯めているという話を聞くと、なんだかかわいそうな気がします。何がそんなに不安なんだろう？って。

「もしも……のことを想定して貯めています」と言う人もいますが、「もしもって、いったいいつ来るの？」と思ってしまいますし。

もちろん、東日本大震災のようなこともありましたから、手元には少しはお金がないとどうにもならないこともあるでしょう。震災後、都内でもガソリンスタンドが長蛇の列でしたよね。けれど、価格が高いガソリンスタンドは並んでいませんでした。きっとお金がある人たちはそういう状況でも値段を気にせず入れられるのだな、とその時納得しました。

「もしも……の時のお金」というのは、きっとそういう時のためのお金なんだろうなと思います。

子ども、会社、家……5000万円切ると不安になる、かも

――いくらあれば満足しますか？

いったい、いくら貯金があれば安心するでしょう？

私は、「使う」「貯める」「殖やす」の3つの財布を持つことをおすすめしています。

まず「使う」分は**収入の1・5カ月分以上**のストックをしておくようにします。たとえば、毎月30万円の収入がある方でしたら、**30万×1・5＝45万円**以上、だいたい50万円くらいは置いておいて、その中から生活していく、というわけです。もちろん、全額は使わず、その中からいくらかでも残しておくようにするのです。

ふたつめの「貯める」については、**収入のだいたい6カ月分を目安**にします。収入が毎月30万円の場合でしたら、30万×6＝180万円は貯めておきましょう。

そして、**「使う」用の50万円と「貯める」用の180万円を合わせた230万円を超**

えた分は「殖やす」に回します。この財布はいわば「資産運用」という意味ですので、債券や国債を含めた投資用の資金に使います。

では、実際、私はというと、根が心配性なのでしょうか。**5000万円くらいは残しておきたいな、**と考えています。この金額を切るとちょっと不安になります。

うちには一番上の子が大学生、一番下が4歳と、5女1男の計6人の子どもがいますので、生活費を取っておかないといけない、という責任を感じています。5000万円あっても、家族8人で割ると、ひとりあたり625万円です。それに、これからどんどん教育費もかかるでしょう。

住まいも今は賃貸ですが、いずれは持ち家を、と思っています。その時は一括払いとまではいかないまでも、なるべく多くの現金を入れたい考えです。

それに今の仕事も、いつまで順調でいられるかわかりません。もしかしたら干されることもあるかもしれませんし……。

そのようなことを考えはじめたらきりがありませんし、お金はいくらあっても足りません。もしかすると、貯金が好きなのかもしれませんが……。

とはいうものの、私が貯金をできるようになったのは30歳を過ぎてから。当時は収入の1割も貯金に回せなかったのではないでしょうか。今はたとえ臨時収入があったからといって、パーッと使って支出を増やすことはしません。

収入が増えた分はすべて貯金に回す。

「入ったらただ貯める」を実践しています。

経験をお金で買うことも必要

――ガマンすると損することって？

今の生活をガマンしてまで貯める必要があるとは、正直思いません。たとえば具体的に結婚したい人がいて、その人と結婚するための費用を貯めるとか、大きな目標があれば、多少のガマンはいいでしょう。けれど、「いつか使うため」とか「老後のため」など、抽象的なことのためにお金を貯める気持ちにはなかなかなりません。

友人に、いろいろなものをガマンしてお金を貯めて、マンションを買った人がいます。賃貸暮らしの時は、「ソファも食器もテーブルも適当で」と言っていたのだけど、自分のマンションを手に入れたと同時に、家具から何からすべて、非常にこだわり抜いたものを新しく購入しました。

それを聞いてはじめて、「ああ、この人はこういうインテリアが好きだったのに、今までずっとガマンしていたんだ」と知りました。そして、「コツコツ貯めて目標額に達した時に、バンッ！　と使える人っているのだ」と驚きました。私はガマンしない派なので、賃貸でも関係なく、自分の好きな壁紙に替えてきました。そのようなムダなお金を使ってきました。だから、「いざ」という時のためにガマンしてお金を貯められることって、すごいな、と感じます。

でも、一方で、自分がずっと憧れていた高級家具が本当にいいかどうかは、実際に使ってみないとわからないとも思うのです。気合を入れて、一気にすべて揃《そろ》えた時に「あれ？　思っていたのとちょっと違う」と感じたとしたら困りますよね。だから、自分の感覚を養うというか、**「お金を使って経験を買う」**ということを事前にしておいたほうがいいと。

若いころ、1万円もするシャンプーをどうしても使ってみたかったことがありました。「有名人の○○さんが使っている」と聞いて、「いったいどんなものなのだろう？」と気になって仕方がなかったのです。それで、実際に買って使ってみたのですけれど……。はっきり言って、何も変わりませんでした！

でも、そういう経験って、実は大事だと思うのですよ。それを使わなかったら、私は一生、そのシャンプーのことを思い続けることになっていたでしょう。「いつか使ってみたい。

いったい、どれだけすごいのだろう？」と妄想ばかりが膨らんでしまっていたと思われます。でも、実際に自分で経験したことで、それが意外と「たいしたことない」とわかったわけです。

最近みんな、コスパでモノを考えますが、単純に計算できないものって、すごくたくさんありますよね。

たとえば、ネコを1匹飼うのに、生涯で300万円かかるそうです。うちの場合には、3匹飼っているので、900万円余計にかかるわけです。でも、ネコは仕事で疲れている時に癒《いや》してくれて、「また頑張ろう！」という気持ちにもさせてくれるし、とてもお金には換算できない価値があります。それに、立派な家族の一員ですしね。

「900万円もかかるから、お金がなくなったら養子に出そう」という考えにはとても結びつきません。それと同様に、「子どもには何千万とお金がかかるから、子どもはいらない」と言っている人もいるみたいですけれど、子どももお金では買えないものをたくさん与えてくれます。そういうものを、大事にしたいなと思うのです。

余談ですが、私、子どもにお小遣いをあげるたびに、「大きくなったら、ママにお小遣いちょうだいね」と言っているんです。**「子ども年金」**とでも申しましょうか。

この制度、いいと思うのですよね。子どもが社会人になったら、たとえば、ひとりあたり3万円お小遣いをもらうようにする。うちの場合なら、子どもがふたりなので、3万円×2で月6万円、子どもが6人なら月18万円もらえる計算です。産めば産むほど、将来、子ども年金で子どもからお金をもらえる。そう考えると、「子どもはお金がかかる」という意識もなくなって、逆に「子どもが確実な投資」という考え方にもなってくるのではないでしょうか。

とにかく、老後に何があるかなんて、誰にもわかりません。貯めていたお金ではまかなえないことだって十分あるでしょうし、逆に、もしかすると予想外の大金が転がり込んでくるかもしれません。

実は私、占いによると70歳から人生最高潮になる予定なんです。だから、あと20年、なんとか生きれば夢の暮らしが待っているかもしれない。それを目指して頑張っています。

「お金第一」で人生が狂った人

——ガマンしても貯める必要はある？

私は「お金を貯める」ことを勧めていますが、お金第一で無理したり、それが苦痛になるようなことは絶対に避けるべきです。

たとえば、こんな方がいらっしゃいました。仕事での収入が少ないからとかなり節約をしているのだけれど、それだけでは足りない、と今度は収入を増やすことを考えました。

そして、仕事の前に新聞配達をし、仕事のあとに深夜のコンビニのバイトをしはじめたのです。たしかに貯金は少しできたのですが、体を壊してしまいました。

当然、貯金はつくるべきです。けれど、**楽しみも何もなく、ただただ苦しい思いをしてまで、というところまではしなくてもいい**はずです。

私は、お金の専門家なので、あたかも「お金が一番だ」というような顔をしていろいろなところで話をさせてもらっていますけれど、貯金第一の生活、貯めるための生活になってしまうのはどうか、と思います。**お金でいろいろな経験をするのも必要なこと**だからです。

私もお金でいろいろな経験をさせてもらいました。今でも、「お金っておっかねえな」と思ったりする時もあります。恐怖を感じることもあります。だからこそ、「お金を使ってみましょう」とも思うのです。

うちにいらっしゃるお客様が、「新宿のデパートのレストラン街に3000円のランチがありますけれど、意味わかんないですね。先生の会社の1階に入っている牛丼屋さんなら1杯300円とか400円程度だから、3000円あれば10杯近く食べられるじゃないですか」とおっしゃいました。

でも、もしかすると3000円のランチには300円の牛丼では得られない価値があるかもしれません。それを、経験せずして「意味がない」と語るのはもったいない話です。

「1個1000円するケーキを買うんだったら、新宿で売っている1個100円のケーキを10個買ったほうがいいじゃないですか」とおっしゃったお客様には、「一度1000円のケーキを食べてみたらどうですか？」と言いました。

「食べたい」と思う気持ちがないのならともかく、もし食べたいという気持ちを抑え、単にお金のことだけを考えて、「1個1000円もするからやめよう。節約するためにもそれが正しい」と思っているなら、「一度試してみましょうよ」と私は言います。

1回食べてみて、「1000円もするのに大したことないな」と思うんだったら、やめればいい。けれど、もしかすると、「これは100円のケーキとは違ったなにかがある」という発見があるかもしれません。何事も経験です。

私は仕事柄、「節約しましょう」という話をする一方で、**自分自身はお金を使ってみないといけない**と考えています。

たとえば、車で言ったら、低燃費で環境を考えたエコカーのプリウスしか見ないで、それだけを「すばらしい」「いいね」と言うような人にはなりたくありません。だって、たしかに環境には悪いかもしれませんが、二酸化炭素をバリバリ吐き出しながら、ハイオクを垂れ流すぐらいの車のほうが実際には面白かったりしますよね。でもそれだけでもよくなくて、プリウス的な発想も必要。つまり、両方の目を持っていないといけない。

そう考えると、ただ「節約」だけではなく、いろいろなことにお金を出して経験する、ということがやはり必要になってきます。

そもそも、**決してお金が一番ではありません**。仕事だったり、家族だったり、趣味だったり、休みだったり……お金以上に大切なものがあるはずです。そして、それらが優先されるべきだと思うのです。

お金は将来に向けての支えになるものですから、管理する必要はあるでしょう。けれど、なによりも最優先して、ガマンして、あらゆるものを切り捨ててまで貯めるものではない、と私は言いたいのです。

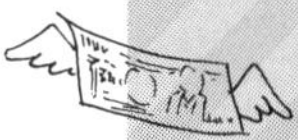

3章

稼ぐ

お金に好かれる人の働き方

稼ぐのはつらいよ
20歳で漫画家になって30数年
とにかくずっと描き続けてます
条件のいい男より好きな男と一緒にいたい！
私が働くからあなたは家事と育児して！
いいよ♫
というわけで私が稼ぎ手になって家族をささえてきましたが…
最近、年齢のせいか疲れが…

ここだけの話
専業主婦には
とても憧れます!!
ヒソ…
ハンカチに
ししゅうしたり
…♡
子どもの
ごはんや
おやつ作り
クッキーが
焼けたわよ
～♡
仕事帰りの
くたびれた
サラリーマンの
かたがたを見ると
あれって
まさに今の私
…!?
しかし
漫画家には
定年が
ありません!!
ああ
私は一体いつまで
働くのかな…
遠い目に
なる日もあります

誰に見られても恥ずかしくない仕事を

——どうしたらお金を稼げるか？

これまで稼ぐために心がけてきたことといえば、**常に誰の目に触れても恥ずかしくないものをつくる**、でしょうか。

漫画であれ、イラストであれ、私が描いたものは誰が見るかわかりません。不特定多数の人の目に触れます。そして、それを見た人からまた仕事の依頼がくる。だから、きちんとしたものを描き続けることが大事、と思っています。言い換えれば、自分で満足いくものをつくる、ということです。

とはいえ、時にはやっつけ仕事にするつもりはなくても、結果的にやっつけてしまうこともあります。そういう時も、やっつけに見えないクオリティのやっつけ仕事をすることが大切ですね。

常に、「この作品を見た人から、また次の仕事がくる」という気持ちで臨み、新しい仕事が来て、またきちんとしたものをつくる。それがまた次の仕事につながっていって……という循環で、ここまで続けてこられた気がしています。

でも、これは、なにも漫画に限った話ではありませんよね。モノをつくる人すべて、いや仕事する人すべてに共通するのではないでしょうか。

たとえば、私の好きな着物で言えば、仕立て屋さんの仕立ての良《よ》し悪《あ》しこそ、その作品のすべて。仕立ての悪い着物を見たら、「この人にはもう頼まないわ」と私は思います。

「常にいい仕事をしていく」という気持ちこそ、シンプルではありますけれど、働くうえで大切だと私は思います。

「お金＝信頼」

——どうしたらお金を稼げるか？

やはり、お金を手に入れるためには、**「何かを人に与える」**ということが大事なのではないでしょうか。もっと言えばその人にしかできないような特殊性があれば、需要は必ずあると思います。「この人ならなんとかしてくれるんじゃない？」と思ってもらえることが重要です。

「お金関係だったら、横山さんのところに行ってみたら？」と言ってもらえる、そういう信頼をいただけていれば、稼ぎ続けられるはずだと自分にも言い聞かせています。

人に影響を与えられるような、つまりは人に喜んでもらえるようなことをすれば、お金はあとからついてくる。人に喜んでもらえて、さらに自分の個性があって、そして信頼があって……。仕事だけではなくて、その人の「人間性」があってはじめて「仕事」として成り立つと思うのです。

ずば抜けた才能があって、その人にしかできないような仕事であれば、多少人間性におかしなところがあったとしても許されるかもしれませんが、普通は仕事には「その人」がくっついてきます。そこがポイントなんです。

最近、テレビや雑誌などのメディアに出させていただくことが増え、芸能人の方にお会いする機会があるのですが、有名な方というのは、人としてもいい人たちなんですよね。絶対的な自信があるから、けっこう横柄な感じだったりするのかな、などと思っていたのですが、全然違いました。「できた」人のところに仕事は集まるのだな、と実感しました。嫌われていたら、稼げませんよね。

「当たり前のことをバカになってちゃんとする」と言われますが、小さなことを大切にする積み重ねが仕事につながり、稼ぐことにつながっていくのだと思います。

そういう意味で、**「お金＝信頼」**だとも言えます。信頼のあるところにお金は集まってくる。信頼とお金はつながっている部分がおおいにあるのです。

もうひとつ、稼ぐうえで重要なのは、**「お金を大事に思う」**ことです。お金を大事に扱わなければ、お客様に対しても適当でいい、と思ってしまうからです。

稼ぎ続けていくと、だんだんとお金の存在が当たり前になって、ありがたみを感じなくなり、お金を大事に思わなくなりがちです。「お金は大切」という思いが萎《な》えてくる、というか減ってきて、「まあ、お金があるからいいよ」とぞんざいな気持ちになってしまう。でも、そうなってくると、稼げなくなってしまうのです。

ずっと稼ぎながらも、ずっと「お金って大事だよね」と思い続ける気持ちが必要です。

お金があったら、たぶん働かない

――生きがい？ 食べるため？ なぜ働くの？

働くのは、第一に**「家族を養うため」**です。それがまず基本で、その次に「自分の楽しみとして」だと考えていますが、たまにそれが逆転してしまうことも。気がつくと、つい自分が先にきてしまいがちなので、注意が必要ですね。

働かないとお金がないから働き続けていますが、**もし働かなくてもお金があったなら、働きません！**

そういう状況になったことがないからわからないですけれど、30年間ずっと漫画を描き続けてきたし、少しゆっくりしたいから、もしお金があったら仕事はしません。

もちろん、仕事をしていて楽しい瞬間は無数にあります。やっぱりこの仕事が好きだから。でも、すごく大変なのもまた事実です。お金さえあれば、もう少しゆったりしたペースで仕事をするという選択肢もありますよね。

もし今、私が働くことをやめたら、すべてがストップしますからね。家賃を払い続けなければいけないし、生活を維持していくことはすごく大変です。

もちろん、仕事をすることによって、「自分が社会に必要とされている」と思えて、それが生きがいにつながっていくとは思います。でも、私の仕事は、世の中になくてもいい仕事では？　と感じることも。

漫画は、ヒマつぶしにはなるかもしれないけれど、「世の中に役立っている感」が薄い気がするのです。実際、漫画家さんのなかにも「漫画より小説のほうがエライ」と思っている方はいらっしゃいます。

それでも、読者の方から「エリカさんの漫画に励まされました！」という話を聞くと、「あぁ、描いていてよかったな」と感じ、「やっぱり漫画家をやっていくしかないな」と奮い立つのです。

たとえお金をもらえなくても、今の仕事をする理由

——なぜ働くか？

働くのは生活するためか、生きがいのためなのか？

自問してみると、両方の意味合いがもちろんありますが、できれば**「生きがい」**というところで働きたいですよね。私の場合、働かなければ絶対に、ぐうたらのアル中にでもなっているのが末路でしょう。朝からお酒を飲んで、公園をうろついたり、旅行にばかり行ったりして、廃人と化していそうです。ろくな人生にならなそうですね。

そう考えると、仕事をしていることで新しいことができたり、自己成長したりするのだろうな、と思います。そこが働いていて楽しい部分でもありますし。

人によっては、趣味や生きがいが別にあって、それにかかる費用をねん出するために割り切って働いている、という方もいらっしゃいますが、私は器用ではないので、それはできません。休みの日にやりたい趣味が取り立ててあるわけでもないですし、そのためにお金を貯めよう、というのもありません。そう考えると、もしかしたら仕事が好きなのかもしれませんね。

この仕事が好きな理由のひとつに、「人が変わるのを間近で見ることができる」という点が挙げられます。人を変えると言ったらおこがましいですが、「あれ？　前はそんなこと言っていなかったよね」というように、ちょっとした変化が見られるのって、役得だと思うのです。

私は昔から、花が咲く様子などを観察するのが大好きでした。それくらいなにかが変わっていく様子を見られるのが楽しいのです。

あとは、「本当はここにお金を使いたいけれど、ちょっと控えてみる」とか、うまくコントロールしようとしている方、頑張っている方の生の声を聞けるというのも大きいです。

司法書士事務所に勤めていた時には、今カウンセリングをしている方たちより、もっと壮絶な環境に置かれた方が多くいらっしゃいました。言ってしまえば、借金があってどうにもならないような状況の方ばかり。

最初は青ざめた顔をしていたのが、途中から明るく笑えるように変わっていくんです。それがうれしかったですね。「ちょっと貯められない」というレベルの問題ではなかったがゆえに、そういう大きい変化が見られたのもたしかです。

人って、**なんとか変わろうとしている時期、困っている時期のことは、あとになってもものすごく記憶に残っていませんか？**

私自身も苦しかったころのことはいまだによく覚えています。そのような、人生において重要な時期に立ち会えるというのはすごい仕事だな、と感謝しています。

仮にお金がもらえなかったとしても、この仕事はやっているかもしれませんね。

——夢ってなんですか？

昔は漫画家、今は専業主婦

私の小さいころの夢は、「漫画家になりたい」でした。つまり、夢をかなえたことにはなりますね。

で、今の夢のひとつは、「専業主婦」です。うちは、私が働いていて、夫が専業主夫なのですが、立場が逆転して、「専業主婦になってください」と言われたら、ぜひともなりたいものですよ。シナモンロールなどのおやつを手作りして、子どもが学校から帰ってくるのを待っていたり、子どもの洋服にアップリケをつけてみたりするのが憧れです。

あとは、茶道を究《きわ》めたい。今、お茶のお稽古《けいこ》をしていますが、もっときちんとできるようになりたいなあと思うのです。

でも、究めるためには、茶器などの道具も揃《そろ》えなければならないし、お金もかかるから大変。ゆくゆくはお茶をはじめとした日本文化的なことをもっと勉強して、それらを漫画で紹介することができないかな、と考えています。最近は海外でも日本文化が見直されていますしね。

着物って本当にすごいと思うのです。**20年前に買った洋服はもう着られないけれど、着物は何にも考えずに着られます**。だから、お金をかけるのならば、洋服よりも着物がいいのではないかな、と最近は思っています。

よく「洋服の流行はめぐってくる」なんて言いますけれど、同じ形でめぐってはきません。違う形でやってくるんですよね。そう、インフルエンザのウイルスみたいなもので。たとえば、「インフルエンザA型」といっても、まったく一緒ではなくて毎年微妙に異なっていますよね。洋服の流行もそれと同じなんです。だから、ちょっとしたラインの違いで「あ、今年の服ではないな」というのはすぐわかります。

でも、着物は違います。形が変わらないので流行りすたりがなく、年を経ても着られるんです。「色がちょっと派手だな」と思ったら、抑えめの色に染め直すことができる。

年齢を重ねていってもよほど派手なものでなければ使えます。若いうちは裏の生地にすごく派手な色を使ったりしますが、そこを渋い色に抑えたりすると、もう一度着られるんです。

実は、30歳を過ぎたくらいにも一度着物はまったことがありました。以後ずっと「あの買い物は間違えたなあ」と感じていたのですが、最近になってやっと「ああ、あの時買っておいてよかったかも」と思えるようになってきたのです。

というのも、より着物が好きになった今、当時買ったものが大活躍しているから。

そういった着物のよさなども漫画で発信していけたらいいな、と思っています。

周りの人が幸せに終われたら

——夢ってなんですか？

夢と呼ぶにはつまらないものかもしれませんが、**子どもたちや大事な人たちが全員独立して、安心して自分の手から離れて、周りの人たちが幸せに終われたらいいなあと思います。**

先日、家族全員、妻を入れて8人で外食をする機会がありました。店に向かって、みんなでぞろぞろ歩いて行く姿を見ていたら、「ああ、こいつらをちゃんと育てなきゃいかんな」という感情がふつふつと沸《わ》いてきました。うちは子どもがひどく多いのでね。お金が予想以上にかかるだろうから、なめてかかっちゃいけないぞ、と。

あとは、まだ誰にも話したことはないのですが、いつか海外の恵まれない子どもたちのために学校を寄付したいな、と思っているんですよね。5000万円くらいあれば1校建つみたいなのです。

誰かのためになにか形になるものを残せたらいいな、と願います。私自身は、今の仕事を続けられるというのが、一番ありがたいことなんです。ここに座って、みなさんとお話をして……これでもういいんですね。ですからこの状態でずっとやっていって、できたら学校を寄付、なんてできたらいいな、と。

そう考えると、私の夢はこの仕事を続けられるというところかもしれません。よく、ちょっと有名になるとタレントさんみたいになろうとする人がいますが、それはしたくありません。

軸足を変えず、いつもここに座って、みなさんとお話しをしていたい。

それでもう十分です。

30にして「働くからお金が入る」を知る

――仕事への気持ちが変わった瞬間は？

働く、ということについての大きな転換期は30歳くらいの時。「仕事って純粋にお金を稼ぐためのものなんだ」という気持ちの変化がそれです。

実は30歳くらいまで、「自分が働いているからお金が入ってくるんだ」という意識はまったくありませんでした。ただ描くことが楽しくて、依頼が来たら描いている、というだけで、その先にある「お金」のことは気にもしていませんでした。

「小人の靴屋さん」という童話がありますよね。おじいさんが寝ている間に小人さんが靴をつくってくれて、朝起きたら靴ができ上がっている、という話です。それと同じように、私の知らないところで、**いつの間にか小人さんが私の銀行口座にお金を運んできてくれているのだ**、というくらいの気持ちでいたのです。

で、30歳のころに4、5年つき合っていた彼と別れたのですが、それが意外にこたえまして。しばらく仕事を休むことにしました。

すると、当たり前のことですけどお金がなくなる。たった半年の間に貯金を使い尽くしてしまって、そこで私、ハタと気づいたのです。

「ああ、お金を運んでくれたのは小人さんじゃなかったんだ。私が描いていたからこそ、お金があったんだ」って。

それで、「ああ、働かなければ、お金がない……」と目覚めました。そこからはもう、純粋にお金を稼ぐために描きはじめました。

でも、お金のために描いた作品は、いかにも「お金のために描いています」というのが、作品の中ににじみ出てしまって、これが面白くないのです。自分がお金のために描いているということに気づいてしまって、しっくりきませんでした。

そのうえ、お金を稼ぐ理由が見つからない。「自分がぜいたくするためにお金が必要だから稼いでいるのか？」と考えるとむなしくなり、でも、親やアシスタントさん、飼っているネコたちとか、養うものが多いから逃げたくても逃げられない。このような葛藤もあって、30歳からの5年間は本当に苦しかったです。

でも、結婚して、子どもが生まれたことで気持ちに変化が表われました。**「とにかく自分が働いて、家族を養っていくんだ！」**と、ある時突然、肝《きも》が据《す》わったんです。

その瞬間、これまであれこれ考えていたことがすべて帳消しになって、「純粋に食わせるためにお金を稼ぐってことでいいんだ！」と腑《ふ》に落ちました。そうしたら、自分の描く作品もしっくりくるようになったのです。

それからは、お金のためとはいっても、きちんと満足のいくものがつくれている、という自信も持てるようになりましたね。そして、「自分しかできないことをやっているから、お仕事の話もいただけているのだ」と思えるようになったのです。

働かなければ「頭」が鈍る

――たとえ大金があっても仕事すべき？

私の場合、**お金がなかったから頑張れた、ピンチだったたから働いた**、というのはおおいにあります。独立してから2年くらいはまったく予約が入らない時期もありましたし、軌道に乗るまで、開業後5年はかかりましたから、それまではもうがむしゃらでした。

そう考えると、「お金がない！　もうやばい！　次の本がヒットしないとまずい！」くらいの追い込まれ方をもう1回すべきなのではないか、と今、改めて思うわけです。「アグレッシブさを忘れていないか？」と今の自分に問いかけたい気分です。

もしお金があって仕事をしなかったら、ボケてしまうかもしれないですね。**仕事をしていないと、頭の回転や思考回路も鈍ってきますし**。

やはりお金がありすぎるのもなあ、という例があります。

先日、相談に来られた60歳くらいの奥様は資産が3億円ほどあり、ダンナさまも稼いでいる方でした。子どももすでに独立していて、なんの問題もないわけです。

ところが、「お金を預けたら、3年後には倍になります」というようなふれこみの、いかにもあやしげな投資ファンドに2000万円ほど投資をしているんですね。

「ここに預けているから大丈夫ですよね」とおっしゃるのです。「いや、それはちょっとあやしそうだ」と思い、その会社について調べたのですが、いろいろな事業を展開していたりして、実際うさんくさいわけです。

そこで、その方には「その投資ファンドはちょっとあやしいので、たとえば消費者センターのようなところに連絡をして、その会社がトラブルを起こしていないか、被害が出ていないかを聞いてみたほうがいいですよ」とお伝えしました。けれど、「まあ、子どもも独立していますしね。だまされたらだまされたで、もういいわ」っておっしゃるんですよね。

衝撃でした。人間、お金に余裕があると、2000万円くらいどうでもよくなるのかな、と思って。2000円の間違いじゃないですよね、とさえ思いました。

「だまされたらだまされたでいいや」と思っているということは、お金を出しているのは、おそらくその投資ファンドだけではないのだろうと思います。ほかに投資をしているかもしれませんし、孫にあげたりもしていることでしょう。

そのこと自体は別に悪くはありません。けれど、ほかの人に「一時的な利益供給先」として使われてしまって、もし自分のために使っていないのだとしたら、それはそれでかわいそうだな、と感じてしまったのです。

その方がなんだか「抜け殻」みたいに見えてしまって。「あやしげなところに2000万円投資するくらいなら、僕に100万円くれない？」って思わず言いそうになりました。でも、実際に言ったら、本当に「いいよ」と言いそうなくらい弱っているように見えました。「お金を大切にしなきゃ」という気持ちがもうなくなってしまっている。

投資も、適当にやっていたら、それは立派な「浪費」です。お金の大切さを忘れないためにも、頭の回転を鈍くしないためにも、働くことは大事なことだと思うのです。

気づけば勝手に仕事がはじまっていた

——独立って大変?

私の場合、あえて独立した、というわけではありませんが、個人でずっとやっています。

昔の漫画家さんたちは、どこかの出版社の漫画賞に応募して、そこから出版社の担当がついて、という流れを踏むことが多かったようですが、私の場合は、誰かのアシスタントについたこともありません。漫画賞のようなものもすっ飛ばして、気づけば勝手に仕事がはじまっていた、というところがあります。

高校生のときにある出版社にふらりと遊びに行ったことがきっかけで、雑誌の中でコーナーを持たせてもらい、まずはライターみたいなことをはじめました。で、「絵も描けるから」ということでイラストも自分で描くようになり、そのうちに「ちょっと描ける子がいるから」と紹介を受けて、「4コマ描いてみる?」という話をいただきました。

それを見た別の人から「8ページのショート、描いてみない?」という話をいただいて。

8ページが16ページになり……という感じできました。そしてただいま、週刊連載中です（笑）。

ありがたいことに、うまい具合に時流に乗れたのでしょう。一時期はイラストばかり描いていたこともありました。

電話1本で「あさってまでにイラスト5本！」「へい、ただいま！」って、まるでそば屋の出前みたいに依頼を受けていました。まだ描いてもいないのに、「すみません、今出ました」などと言うことも。

でも、イラストの仕事があまりにも大変すぎたので、ある程度やったところで漫画に集中することにしました。そのまま、漫画で軌道に乗り、なんとか30年続けています。

というわけで、最初から独立というか、ソロでやっているので、この状況が当たり前だと思ってやってきています。そのせいか、「自分が働かないと、すべてがストップしてしまう」という思いは常にあります。

かつての私は一番ダメな経営者でした

――独立って大変？

会社勤めから独立した過程は、経験則から言えば大変でした。私の場合、よく考えないで独立してしまったので、結果的に振り返ってみたら大変だった、ということであって、「これは大変だな」と判断しながらやっていたわけではありません。アホだから勝手に進んじゃったら大変だった、というだけなんですけれどね。

自分自身、「もしこの独立がうまくいかなかったらどうしよう？」というプランは漠然と考えてはいました。でも、それはなるべく思い出さないようにしていて。

今思うと、私は一番ダメな経営者ですね（笑）。**どこかで手を引かなければいけないのに、引き際がわからなくて戻れず、ムダに引っ張っていた危うさがあります。**

今までにいろいろな経営者の方を見ていますが、よくないのが、この頑張りすぎて引き際がわからなくなる、というパターンなんです。「俺にはもうこれしかない！」と突っ走ってしまうタイプですが、まさに私もそれでした。

よく言えば「頑張り屋さん」ですが、収入が上がらなくて、いったい誰のためにやっているのだ、と。**収入が上がらなければ、それはただの「道楽」にすぎません**からね。でも、昔の私はまさにそれをやっていました。

もし、当時の私に会っていたら、もしかしたら「独立なんてやめておきなさい」と言っているかもしれません。まあ、私はラッキーなことに、もがいた末に、たまたまなんとかなったからよかったですけれど。今ももがいてはいますけれど、そのもがき具合は緩くなったから結果オーライというものでしょう。

独立して何が一番大変かと言ったら、やはり**「仕事がない」**こと。司法書士事務所で働いていた時には、私個人がいくら忙しくても給料は変わらず、売り上げが上がった分は全部、ボスが持って行くわけですよね。それでは自分はちっとも潤《うるお》わないな、と思って独立したわけです。

事務所にいた時にはけっこう仕事が来たから、独立したらさらに別の事務所からも依頼が来るだろうともくろんでいました。ところが、それがとんだ誤算でした。

実際にはその司法書士事務所の看板で仕事の依頼が来ていたわけで、私個人宛てに来ていたわけではない。独立して、司法書士事務所の看板がなくなったら、私なんて**「どこの誰だかわからんやつ」**です。

独立してすぐは、「横山」という人間に対する信頼はまったくありませんでしたから、仕事の依頼はぱったりと止んでしまいました。「月に5、6件は新規の仕事があるだろうな」と軽く見積もっていたのに、実際には依頼ゼロという月もあったかもしれません。

「こんなはずじゃなかった！　子どももいるというのに」と本当に焦りました。

開業してから1、2年は仕事もなかったし、軌道に乗るまで、この仕事で食べていけるようになるまで5年はかかったと思います。それまでは、いわゆる「マイナス」。

お客様がある程度来ても、元は取れない。当時は、もちろん人を雇う余裕などないので、すべてひとりでやっていました。人件費はかからないし、家を店舗にしたり、相談者の家に行ったり、東京に行ったりしていたので、たいした経費はかからなかったと思うのですが、それでも、なかなかプラスにはなりませんでした。

とにかく時間だけはありますから、その間、勉強をしたり、ブログを書いたりしていました。ブログでは、「借金の整理」に関することなどをつづりました。そして、これが自分にとっての人生の転機になったのです。

通常、借金の整理等の業務は、弁護士さんや司法書士さんがやることなのですが、私はそれをFPという視点で「家計」をからめて記していました。そうしたところ、ラッキーなことに、そのブログが出版社の方の目に止まり、ある時お電話をいただきました。

「あなたのブログを本にまとめてみるといいかもしれませんよ。一度お話ししましょうか。でも、札幌にいらっしゃるのですよね（当時は札幌に住んでいました）」と言われ、「いえ、行きます！東京に行きます！」と即答。数日後には東京にいました。そして、「書きます！書かせてください！」と。

こうしてできたのが、処女作『あなたの借金、返さなくていい！』です。ありがたいことにそこそこ売れて、重版もかかり、ちょっと名前を知られるようになりました。

東京からも相談の依頼が来るようになりました。そこで、お客様には「この日とこの日は東京に行っているので会えませんか？」と連絡をし、飛行機代とホテル代が回収できるように、その日に合わせてほかの依頼を2、3件入れるよう、心がけました。

こうして、少しずつ新規の方も増えてきて、今がある……という感じです。当初から基本的にビジネスモデルは変わりません。初回の相談で終わる方もいらっしゃいますし、問題があったり、ご本人の希望があったりすれば1年間継続という形を取る場合もあります。とにかく、少しずつやれるようになりました。今考えると、本当にラッキーでしたね。

それにしても、軌道に乗るまでの5年間はうだつも上がらない状態で、家の中も暗いし、家族とのケンカも絶えないし、たまにお金が入ったらパチンコに行ったりして、すさんだ生活を送ってました。「大丈夫大丈夫。また仕事が来そうだから。本も出るし。待ってろ！いつかはわからないけれど、お金がいっぱい入ると思う」という気持ちだけで乗り切ってきました。

というわけで、独立は大変と言えば大変です。でも、本当にやりたければ、やるというのはひとつの方法だと思います。「やりたいことを追求できる」というメリットもありますし。私の場合は、ずっと続けたいと思える仕事を見つけられたことは本当に幸せです。それは独立しなかったら、絶対に見つけられなかったでしょう。

司法書士事務所に勤めていた頃は、家計の話についても今みたいに具体的な話はあまりできませんでした。「今月どうでした？」とさらりと聞く程度。それで変わるのかな？というレベルでしたね。

今は「なぜこの出費を抑えられないのか」とか資産運用の方法、保険についてなど、一緒に深く掘り下げて考えていくことができています。なんといっても、人の大事なお金であり、資産ですから、適当なアドバイスでそれを目減りさせてしまうことはできません。そういう意味では、司法書士事務所にいたら、できることにも限界があったでしょう。だから、結果的には独立してよかったと思っています。

ただ、メインで今の仕事を続けながら、サブで何かをやるという方法もあると思いますし、割とやりやすいとは聞いています。最近はインターネットを活用することも可能ですし、アプリなどもいろいろと出ていますから、完璧に独立というスタンスを取らなくてもできることはあると思います。一度、会社を辞めてしまったら、なにかあってもなかなか戻れませんから。

うちにも「独立するためにお金を貯めようと思うのですが……」とご相談に来られる会社員の方がいらっしゃいますが、一般的にけっこう大変だと思いますね。相談のあとに、余談で「で、独立して何をやろうと思っているの？」と聞いたりするのですが、正直「それって甘くない？　そんなにうまくいくものなのかな」と思ってしまうような答えが返ってくることも多々あります。実際に、独立してはみたものの、うまくいっていない、という方もいらっしゃいます。

先日お会いした方は、不景気な業界に勤めていて、給料も下がる一方だし、会社はつまらない、「こんなことなら、会社なんか辞めて独立をしよう」と55歳で早期退職。ご夫婦でフランチャイズの飲食店をはじめました。

事業資金として３００万円を借り入れたのですが、店が思いのほかうまくいかなくて、その資金も目減りしていて大変だ、ということでご相談に来られたのです。収入アップをもくろんで独立したのですが、実際にはサラリーマンを続けていたほうが、安定した収入を得られていたように思います。意外と、大企業にお勤めの方、公務員など安定した職についている方のほうが、思い切りのよすぎる行動に出てしまうようです。

元刑事という方もいらっしゃいました。わざわざ厳しい試験を受けて刑事になったはずなのに、あっさりと辞めて、今は半分ボランティアのような仕事をしています。将来的には収益を上げようと考えているようですが、確実にいくら手に入る、というような仕事ではありません。

「別に今の仕事を辞めなくてもよいのでは？」と思うような人が、「あえて大海に出てみたい」という理由であっさり辞めてしまう例も多々あります。そういう方には**「ちょっと、現実がわかっていますか？　あなたが思っているほど、生ぬるい世界ではありませんよ」**とつい言いたくなってしまうほどです。

むしろ、アルバイトやパート、契約社員などをいろいろと経験された方のほうが、世間は世知辛いものだ、ということを身をもって知っているように思います。

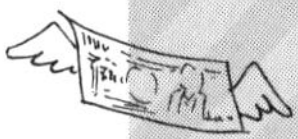

4章

備える

よくあるギモンをスッキリ解消

そろそろ備えてみますか
占い師に会う度に金運についてたずねていますが
何の問題もありません
生涯困らないでしょう
と言われるばかりの私…
不安だから相談してるんですが……
たしかに一攫千金運ではありません
たとえるなら10mすすむごとに100円拾うようなかんじ？
…
中にはこんなことをいう人も…
あなたの場合稼いだお金はきれいに使ってください
ヘタに貯めると神サマに〝余り〟とみなされて収入自体が減ります
そ！そんな

それを真に受けるワケじゃないけど
はっきり言って貯金は0!!
働けばお金は稼げるし
貯金だってやろうと思えばすぐ貯められるはず…
独身の時はそんな風に思っていましたが…
夫
息子
母
娘
家族を養っていくと思うと将来のたくわえって大事よね…
はッ!!
これって占い師より横山先生に相談すべきじゃない!!??
今ごろ気づきました…(苦)

?

結婚、出産、教育、葬式……人生のイベントにはいくらお金が必要？

本章では、私、横山が、「お金についてのハテナ」「よく聞かれる質問」について、紹介していきます。

ここまでお読みいただき、貯める、使うのバランスはご自分でお考えがまとまってきたのではないでしょうか。エリカさんのような「使う派」だとしても、「将来の出費」などについて知っておいて損はありません。

教育、結婚、出産、マイホーム、葬式……生きていく過程で、人は必ずいわゆる「ライフイベント」と呼ばれるものに遭遇します。そして、それらには、多かれ少なかれ「お金」がかかるのもまた事実です。

166〜167ページに、各ライフイベントにかかるおおよその金額をご紹介しています。

ただし、これはあくまでも**「平均」の金額**です。必ずしもそのままあなたに当てはまるわけではありません。環境が違ったり、状況が変わったりするだけで、費用は大きく変わってきます。ですから、どうか数字を鵜呑《うの》みにだけはしないでください。

たとえば、大学にかかる費用などは、文系か理系かによっても違います。このデータでは、私大の平均で557万円とありますが、理系ですと640万円くらいかかります。医学部になりますとさらに入学金も多くなりますし、学費が6年間になり、4000万〜6000万円ほどになるという話も聞きました。

ずいぶん差がありますね。

また、結婚費用について、「454万円」とだけ見ると、「そんなには貯金がないから、結婚できない……」とひるんでしまう方もいらっしゃるかもしれません。けれど、結婚情報誌などでは、あえて高い数値を挙げて「みんな、結婚にこれほどお金をかけているんですよ。あなたたちも一生に一度のことなんだから、いっぱいお金をかけたほうがいいですよ」と、暗にあおっているところもあると思います。

住居費

注文住宅　3109万円　東京　3658万円
土地付き注文住宅　3743万円　東京　5403万円
マンション　3968万円　東京　4875万円
（2014年度住宅金融支援機構フラット35利用者調査報告より）

年金と生活費

夫婦　年金　月21万円
　　　生活費　27万円　計▲6万円

独身　年金　月11万円
　　　生活費　15万円　計▲4万円
（2014年度総務省統計局家計調査・家計収支編）

退職金　＊東京都の数字

高卒　1965万円
大卒　2156万円
（厚生労働省（全国））

葬儀代

平均　188.9万円
（2014年日本消費者協会「第10回『葬儀についてのアンケート調査』報告書）

介護

初期費用　平均91万円
　　　月額平均　7.7万円
（公的介護保険サービスの自己負担費用含む）

ライフイベントにかかる平均金額

結婚

婚約から結婚式まで	444万円	
首都圏	454万円	（ゼクシィ）
親の援助	183万円	

出産

全国平均	42万円
東京	51万円

教育費

幼稚園	公立	66万円
	私立	146万円
小学校	公立	183万円
	私立	854万円
中学校	公立	135万円
	私立	389万円
高校	公立	116万円
	私立	289万円

（文部科学省平成24年度子どもの学習費調査）

大学	公立　入学金　40万円		
	4年間　390万円	合計430万円	
私立文系	入学金　66万円		
	4年間　557万円	合計623万円	

高校まですべて公立の場合、約500万円

→公立大学に進学　計930万円

→私立大学に進学　計1123万円

（平成26年度日本政策金融公庫「教育費負担の実態調査結果」）

実際には、出席者からのご祝儀で結婚式にかかる費用は相殺される場合も多々あるでしょう。式を挙げたことのある方からすれば、「あれはお金をかけすぎでは？」と思うはずです。最近はお金をかけない結婚式もいくらでもできますから、数字だけを見て、あきらめる必要はまったくありません。

出産費用についても同様です。

基本的に妊娠、出産には健康保険が適用されませんが、それをすべて自分が負担するわけではありません。健康保険に加入もしくは被扶養者《ひふようしゃ》の場合、「出産育児一時金」として42万円が支給されます。プラス、各市区町村や企業から補助金が出ることも多いです。ですから、たとえ、出産費用として42万円かかったとしても、一時金をもらえるので、自己負担はかなり少ないのです。

逆に、考えているより多くかかりがちのお金もあります。年金と生活費の収支について、総務省の発表では、夫婦の場合「毎月6万円の赤字になる」と言われていますが、その程度で済むものなのか、という疑問もあります。

ちなみに、よく主婦向け雑誌に「一家庭の平均的な食費は月に2万円台」と出ていたりしますが、これにも注意が必要です。平均の数値が「節約大好きで、いくらまで切り詰められるか」を進んでやっているような人たちによるものかもしれないからです。

このように、**データは発表する側の意図によって、いくらでも相手に都合のいい数字を見せることが可能です。**

たとえば、先のように、結婚式にかかる費用を多めに見せることで、「この費用が普通なのだ。このくらい使わなければいけないんだ」という気持ちにさせることもできますし、「医療費にはこれだけかかりますよ」と大きく見せることで、「こんなに費用がかかるなら、保険に入らなければ」という気にさせることもできるのです。

なによりも大切なのは、**数字を真に受けすぎない**こと。**これらはあくまでも「目安」**としてとらえるくらいにしましょう。

それよりも大事なのは、「自分の場合はどのくらいかかるのだろうか？」というシミュレーションを、早い段階からすることです。

これは特に女性に多いのですが、たとえば、年金と生活費について、総務省では次のようなデータを公表しています。

「生活費が月27万円かかり、収入は月21万円。つまり、毎月6万円の赤字になる」

それを見て、

「60歳から約20年間夫婦で生きたあと、80歳以降からの約10年はひとりで生きて……」

と計算しては、「うちはきっともっとお金がかかるはず。それには今の貯金では間に合わないわ」と悲観したり、数字だけを見て、何もしないまま「ああ、これだけのお金が必要だなんて。今から貯めるのは到底無理だわ」とあきらめてしまうのです。けれど、それは非常にもったいないことです。

あきらめる前に、まずは「では、自分の老後はどうなのか？」ということに目を向けていただきたいと思います。

たとえば、住宅ローンがすでに完済済みであれば、住居費をのぞいた生活費は月にいくらくらいかかるのか？ それに対して、年金はどのくらいなのか？ を考えてみます。

先の総務省のデータでいえば、月6万円の赤字、ということでしたが、もしかすると自分の場合には月3万円のマイナスで済むかもしれません。

このように「自分の場合にどのくらいかかるのか」ということを目の当たりにしたほう

が、データに振り回されるよりもよっぽど自分の役に立つはずです。

「自分の人生のシミュレーション」できる人こそが、これからの時代、乗り切っていける強い人だと私は思います。

?

医療費はどうすればいい？

年を取ってから病気になった時のことを心配される方も多いかと思いますが、**「使えるお金が200万から300万円ほどあれば、医療保険はいらない」**というのがよく言われる基本です。子どもの入学金や住宅ローンに充てる分を含んだお金ではなく、純粋に「医療」に使えるという意味での200万円です。

「医療保険」というと、つい「病気で入院した際の治療に使うお金」とだけ捉えがちですが、実は入院したことで働けなくなり、その結果、収入が減るというところのリスクをカバーできるものでもあります。

よく医療保険に加入する際に、「支給金額は1日5000円でいいのか、それとも1万円、2万円がいいのでしょうか？」という質問を受けます。それは、加入される方の状況によって異なります。

たとえば、大企業にお勤めの方、公務員の方であれば、仕事を長期休んでも、給与の6～7割はカバーされると思うので、治療費をまかなう分だけの1日5000円でもいいかもしれません。

けれど、規模が小さい会社にお勤めの方や時給制、歩合制で働いている方などは、長期で休んだらおそらくその分の給与は出ないでしょう。そのような場合には、医療費以外の生活費をカバーするという意味で、1日1～2万円支給されるものに加入検討するのもいいと思います。

タクシーの運転手さんでも、一日2万円を選んでいらっしゃったりします。それは治療費以外の、自分が働けないリスクの収入保障という意味合いとしての医療保険です。ですから、たとえば治療費に5000円かかったら、残りの1万5000円は働けなくなった時の生活費に充てることができるのです。

このように、医療保険を治療費を補てんするだけのものではなく、働けない時のための、いわば「転ばぬ先の杖《つえ》」としてのお金として利用することも考えていいでしょう。

幸い、日本はなにかあっても、救急車を呼んで病院に運んでもらえ、健康保険で治療を受けることができる国です。けれど、アメリカなどでは、健康保険は国民皆加入制度ではありません。保険料が高いため加入していないケースが非常に多いといいます。そのためお腹が痛くて救急車を呼んだら、100万円くらい請求されることも。たとえ、どんなに痛くてもうっかり救急車など呼べないですね。自分で行くしかありません。

そう考えると、医療保険を最低限押さえておけば、生きていけるのではないでしょうか。仮に、貯金がそれほどない場合には、収入の半年分くらい貯金をしておく、医療保険にだけは加入しておく。もし、結婚して子どもがいる場合には、最低限の死亡保険には加入しておく。最低限は備えておくとして、自分が掛けている保険以外のことが起こったら、**その時は仕方がない、と腹をくくることも大切**だと思うのです。

たとえば、一般的な医療保険というのは、入院が条件であることが多いので、ケガした場合には「貯金でやれるさ」という考えは持っていてほしいと思います。なんでもかんでも、保険で賄おうと考えないことです。

保険でどの程度の内容に掛けたらいいのか迷っている人には、私は次のようなアドバイスをします。

「もし何か起こった時に、『このくらい入っていたらよかったな』と思う程度、かつその保障に対する保険料が家計に負担にならないか、というその2点で選んでみましょう」

なにかあった時に「100万円はほしい」と思っているのに、30万円しかもらえない保険だったら、満足度は低いでしょう。かといって、いくらいい商品でも家計に重くのしかかって毎月の生活が苦しくなるようでは、それも意味がないですしね。その両方を考えて、保険を選んでほしい、と思います。

？

将来に備えるために、今やっておきたいことは？

将来に備える、という点では、身内、自分の親、子どもときちんと「お金」の話をしておくことが大事だと思います。

というのも、老後の人生やそれに付随するお金は、意外と周囲に引っ張られるところが多いからです。

たとえば、老後の過ごし方に関して、「俺は田舎に行って暮らしたいんだ」とか「アメリカに行って過ごそうと思う」など、夫婦や家族でも意見が食い違っていることがあります。そのことによって、老後の過ごし方やお金の使い方は大きく変わってきます。

これを解消するためには、当たり前のことのように思えるかもしれませんが、やはり**「コミュニケーションを取る」**ことが一番です。

親にお金や資産の話をすると、「財産でもねらっているんじゃないの？」などとあらぬ疑いをかけられそうですが、**資産がどのくらいあるのか、という点を話しておくことは非常に大切なのです**。

「相続税はお金持ちの人だけのもの」という時代ではなくなってきました。相続税の控除額は2015年に引き下げられ、東京近郊でちょっと土地を持っているだけで、相続税の対象になることもおおいに考えられるからです。

ですから、そういう「話しにくいこと」についても、家族が元気なうちにきちんと話をすることが大切だと思います。

?

子育てにどうお金を使うべき?

子どもの才能を伸ばしてあげたい、と思う親の気持ちは痛いほどよくわかります。そのためには、小さい頃からお稽古に通わせて、お金をかけて……と考えることもあるでしょう。周囲を見ていると、お稽古事は、子ども自身が「やりたい」と望むより前に、親がやらせたいから習わせているというほうが多いように思います。

たしかに、フィギュアスケートの浅田真央ちゃんのように、本人がやりたいという前に親がはじめさせて華開くパターンもあるでしょう。ピアニストの辻井伸行《つじいのぶゆき》さんなどは、小さいころにおもちゃのピアノを弾いているのをお母さんが見て、本格的に習わせた、というエピソードがあります。

でも、現実的に考えてみると、小さいころから習わせて、プロになるというのは、100人にひとりどころの割合ではないでしょう。音大に行って、ピアノの先生をやっている、という方もいらっしゃいますが、辛口な言い方をすれば、99・9999%はモノにならないのではないでしょうか。

一方で、何かを学ぶ、ということは絶対にプラスのことだと思います。お金をかけてあげるのがいいことかどうかはわかりませんが、それだけは言えます。**「お金をかけてやれないからダメ」という考え方はやめましょう**。

親御さんで子どもにお金をかけてあげられないことで苦しんでいる人は意外と多いものです。でも、子どもは親が思うほど考えていない。お稽古だって、「習わされてるだけだよね」くらいにあっさりと思っていることが多い。だから、急に「辞めたい」とか言い出して、親がびっくりする、ということもあるようです。

あるお母さんは、お稽古や塾の費用をねん出するために、パートで働きに出ていました。お子さんとケンカになった時に、「私はあなたにお稽古させるために頑張っているのに。何のために一生懸命働いてきたんだか……」と言ったところ、「お母さんの夢を私に託さないで」と言われたといいます。

別の方は、お子さんに「お母さん、私たちにお金をかけすぎ。きちんとバランスを見て。

老後のお金を貯めてくれることが子どもの幸せでもあるんだから」と諭《さと》されたそうです。

このように、親が「子どもにとって何がいいか」を一番に考えて行動しているのに、それが「裏目」に出る、ということもあります。

子どもにお金をかけるかどうかは、それぞれに教育方針など思うところがあるでしょうから、どちらがいいとは言えません。

けれど、**「お金をかけてあげられないのは、親として……」と、お金をかけられないことに負い目を感じる必要はまったくない**ということだけは強くお伝えしたいところです。

子どもはお金をかけなくたって、きちんと育ちます。それよりも大切なのは、子どもときちんと会話をすること、コミュニケーションを取ることではないでしょうか。

それから、子どもの教育費に関して、夫婦でもきちんと話をすることが必要です。

先日、私のところにいらした方は娘さんの学費のことで悩んでいました。聞けば、娘さんが医学部を受験して、ほぼ受かりそうなところまできていると言います。入学金で900万円かかるそう。そこで、ダンナさんに「あなた、なんとかしてよ」と言ったところ、「今、うちには貯金が100万円しかないよ」と返ってきたというのです。幸い、奥さんの親がお金持ちのようで、「仕方ないから、実家に行って工面してもらおうかと思っています」と奥さんはおっしゃっていました。

最終的にどうなったかはわかりませんが、本来ならば、受験前に、ダンナさんを交えて受験にかかる費用などの話もするものではないかな、と思うのです。これは行き過ぎた例かもしれませんが、このほかにも母と子どもだけで話が進み、夫婦間の話が通じていなかった、ということが意外と多いようです。

ほかの国と比較して見ると、日本はけっこう過保護だな、と思う部分もあります。

たとえば、ライフプランを立てる場合、日本では子どもが22歳で大学を卒業し独立したところで、親の役目が終わると考えるところがあります。保険などにもそこを見据えて入ります。

けれど、アメリカなどでは、18歳で高校卒業したら、親の役目は終了と考えます。大学は義務教育ではないから、生きたいなら自分で学費を払いなさい、というスタンスです。アメリカの学生は、自分で働いたり奨学金を利用しながら、勉強するのだそうです。

日本でも、そのような考え方を少し取り入れてもいいのではないでしょうか。いい意味で、子どもを突き放してあげる。「お金ってこういうふうに大切なんだよ」という話を具体的に、身をもって教えてあげることも大事だと思うのです。

子どもにお金をかけて、ぜいたくをさせ、おいしいものを食べさせることだけがいいわけでは決してありません。

お金のありがたみも覚えさせないと、子どもも成長しないように思います。

？ 稼いでいないと結婚できない？

最近、「お金を十分稼いでいないから結婚できない」と考えている若い男性が多いという話を聞きました。でも、**そんなことはまったくないと思います**。

実際、ダンナさんの年収が低い方でも仲良くやっているご夫婦は何組もいらっしゃいますし、奥さんのほうが断然収入が高いというカップルも意外と多くいらっしゃいます。

一番理想的だな、と思うのは、ふたりで働いて世帯収入を上げること。

ダンナさんがアルバイトで月10万円もいかない収入だと、生活はかなり厳しいかもしれませんが、ひとりが年収２００万円でもふたり合わせれば年収４００万円を超えますよね。高い水準でなくても、そのくらいの稼ぎがあれば、十分やっていけると思います。

実際、私も入社3年とちょっとでいきなり会社を辞めて、妻に食べさせてもらっていた時期もあります。

余談ですが、このころ、妻が仕事に行っているのがうらやましくて、あたったこともありました。疲れて帰ってくる妻に「いいなよな、仕事があって」なんて。あの当時は本当にすさんでいましたので、今でも妻には頭が上がりません。

「これしかの給料しかもらえないなんて、悔しい！」と思って奮起したほうが、いい結果に結びつくようにも思います。

それに、仮に稼いでいなくても、それは今だけの話というのはよくあることです。「あきらめずにいれば、かなう！」というようなきれいな話ではないかもしれませんが、やろうと思えば、ある程度のレベルまで稼ぐことは夢ではありません。今の収入のまま何十年も続く、というわけではないはずです。

ですから、もし稼いでいないから結婚できないのなら、もう少し収入が上がるまで待ってもいいでしょう。

「生涯未婚率」が年々上がっているようですね。これは50歳までに一度も結婚したことがない割合をいいます。現在のところ、男性が4人にひとり、女性で約7人にひとりといわれていますが、20年後には男性が約3人にひとり、女性で5人にひとりになると予測されています。

女性でバリバリと働いている人が増えて、パートナーに縛られるよりも仲間とつるんでいたほうが楽しいとか、結婚の意味を見いだせない、と考える人が増えているようです。

一方で、30代の女性に専業主婦願望の強い人が増えている、という話も聞きます。でも、昭和初期であればそれもいいかもしれませんが、今の時代は、健康であれば結婚後も働いたほうがいいように思います。可能ならば、社会に出て刺激を受けたほうがいいのではないかなあ、と。

もし、ダンナ様の収入だけでやっていけるとしても、働いてその分を何かの時のために取っておく、というようなことは大切ではないでしょうか。統計的にも、国税調査の調べによると、2000年を過ぎてから、夫が雇用者、妻が専業という世帯よりも共働き世帯のほうが増えています。

ちなみに、うちは娘が多いので、今から「結婚するなら、収入がいいとかではなく、きちんと人を見るようにしなさい」と言っています。

男女平等がうたわれてはいますが、子どもが生まれたあと、いざ別れるということにでもなったら、不利になるのは女性のほうが多いですからね。なにか手に職をつけてほしいな、とも思っています。

?

「思わぬ出来事」のためにやっておきたいこと

私のところに相談にいらっしゃった方のなかで、キャッシングしたことがある人に、その「きっかけ」についてうかがってみました。すると、思わぬ答えが返ってきたのです。「実家に帰省するお金がなかったから」とか「電化製品が壊れちゃって」「引っ越しするのにお金が必要だった」「犬が病気をしてしまって」など、ちょっとしたことだったのです。

たしかに、ペットだと保険がきかないから、下手すると人間よりもお金がかかることがありますよね。手術をしたら、7、8万円くらいかかる場合もあります。

このほかにも、介護や病気、突然のリストラといったケース。それから私のように会社を辞めたはいいものの、失業保険は3カ月経たないともらえないし、という場合もあるでしょう。このような時に貯金がなくて困る、という方もいらっしゃると思います。

うちの場合、受験生が多いので、塾代にもお金がかかるようになりました。突然「夏期講習に20何万必要だから」などと言われ、焦ったこともありました。1教科7〜8万円の講習を3つ4つ取ると、あっという間に20万円を超えますからね。「科目数を絞って、ふたつにしなさい」とは、なかなか言えなくて。「仕方ないなあ」と出しはしますが、講習は受験の直前まであります。

それに、受験料もバカになりません。1校受験につき高校なら2〜3万円、大学なら3〜5万円ほどします。3、4校受ければ、10万は超えます。

大学の場合には、合格したら合格したで入学金をすぐに払わないといけません。うまくできていて、本命の合否がわかる前に滑り止めの大学の入学金を払っておく必要がある、という話もよく聞きます。良心的なところでは、入学しない場合は半額返してくれたりもしますが、戻って来ない大学もあります。

これらの「思わぬ出来事」に対する対処法としては、**もう「貯金」しかない**と思います。あれこれと心配し過ぎても仕方がない。けれど、何かあった時に使えるお金は最低限用意しておく。そうしたら、たとえなにがあろうと安心して暮らせるのではないでしょうか。

先にもお話をしましたが、あらゆるトラブルや不幸を想定して、悲観して何もできなくなってしまうのは、よくないと思います。ですから、保険に入ったり、貯金をしたりと、最低限の備えだけはしておいて、あとは「来るなら来い！　なんとかなる」というつもりで臨むのがいいと思うのです。

人生、何が起こるかわからない。

その対策となるのが、ずばり「貯金」です。

今からでも遅くはありません。今日からできることをして、「なにか」の時にも焦らずにいられるようにだけは、準備しておきましょう。

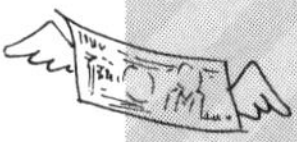

5章

語る対談！

お金の本音トークをしてみましょうか

理想の生き方って？

桜沢　理想の生き方、難しいですね。でも私は、**「お金のことをなにも心配しない」**っていうのが理想ですね。

横山　ああ、すごくわかります。

桜沢　お金のことを何も考えずに生きるっていう。

横山　そうですね。お金よりも、好きなことや仕事、生きがいなどに注力できるのが理想的ですよね。周りの人に助けられたり、助けたりしながら夢中でそれをできたらな、と思うこともあります。

横山　僕の夢は、本当にこの仕事をやることなんですよ。そこの裏には、**「お金のことを気にせずに」**というのがある。ただ、経営のことや職員の教育とか、いろいろと責任があるから、経営やお金については「気にせずに」今の仕事を突き詰めてやりたい。これが一番の望みですね。

桜沢　私、20代はお金のことを気にせずに生きていたと思うんです。でも、ある時からやっぱり気にするようになって。一度気になると、なんだか**お金に縛られている感じ**がして。そういうのがイヤな時はありますよね。養うものが多いし。家族とネコと、アシスタントと、ほかもろもろ。いろいろ考えると、もっと働かないといけないなと思ったり。

でも、一切お金のことを考えずに働けていた時のほうが、なんだろう……根性はなかったですね。「ここで踏ん張らないとこれだけのお金が入ってこない」っていう気持ちになってからのほうが、頑張りがきくようになりました。前は気楽に締め切りを落としてしまったりとか。すいません……。32ページの枠をもらっていても、「すいません。書けない。24ページにしてください」とか。そういうことを平気でやっていた。それはあんまりお金のことを考えてなかったから。

横山　へぇ。減らしたり落としたりしたら、収入が入らなくなるわけですよね。減るわけですよね。

桜沢　収入は減るわけですよ。でも、減ることが何にも怖くなかったので。何も考えてなかったので。

横山　自分は食っていけるから、別にそんなに必死にならなくても。

桜沢　うーん、食っていけるというか、あまり考えていなかったですね。まあ普通に自分が困らない程度のお金があったんでしょうね。

でも今となっては、そこで5ページでも、2ページでも多いほうが収入になるから。

横山　そうですよね。1ページいくらとかですもんね。

桜沢　アシスタントも何人使ったらいくらになるからとか。そういうことを考えながら仕事をしているのが、時々つらいですね。

横山　私も、20代の頃は「なるようになる」という思いでいたのは事実ですね。子どもができた時にもまだ自覚していなかったな、そういえば。子どもがふたりぐらいとかいたのに、勝手に仕事を辞めちゃったっていうのもあったんですけど。

でも3人目ぐらいになったりすると、さすがに好き勝手できん。となってくる

桜沢　と、お金のことを気にするようにはなっちゃいますね。子どもが小さいうちは、「子どもにお金がかかる」っていう感覚がわかんなかった。だんだん大きくなってくると、「ああ、こういうことか」って。今、実感しているところです。それまでは、習い事のさせ過ぎとか、アホみたいにお金をかけているだけで、普通に公立の小学校、中学校に入れていたら、なんにもかからないじゃない。いったい、何にかかってんの？　って思っていたけど、なんかだんだんわかってきましたね。

横山　あれ、上のお子さんは、何年生でしたっけ。

桜沢　上の子、高2です。

横山　高2。下のお子さんは？

桜沢　下が中2です。

横山　大きいですね。じゃあかかりますよね。

桜沢　うん、ねえ。

横山　「何かやりたい」とか、「塾行きたい」とか言ったら。

桜沢　うち、勉強嫌いなんで、「塾行きたい」とは言わないんですけど。「ディズニーランドに行きたい」とか。

横山　ああ、そういうことですね。一緒に行くっていうことですか。

桜沢　いや、もう親と行くっていうのじゃなくなってくるじゃないですか。友達とのつき合いとかでお金もかかるし。

横山　ああ、そのお小遣いをあげるということですか。

桜沢　あと、やっぱり学費とか。息子は私立高校に行っているので。それなりにはね。

横山　そうですね。実感はしますよね。さっきちょうど、「私立大学文系で、4年間でざっくり500万かかります」みたいなことで言っていて。でも、ちょっとずつ増えていて、最近は入学金入れて600万近くになっているんですよね。

桜沢　イメージとしては、大学はもっと高いような……。

横山　教育費に関するセミナーの講師なんかをやって、「こういうふうにかかるから」なんて言っていたんですけれど、どこか他人事だったんですよ。

桜沢　ふふふ。もう我が事じゃないですか。

横山　うん。我が事になって。娘は今、大学の3年生で私立の理系に行っちゃったんですね。で、実際に娘の入学金とか、前期後期の授業料とかを試算してみたら、700万円ぐらいはかかっちゃうんですよ。

桜沢　ああ、理系のほうがかかるんだ。

横山　高いんですよ。人には言っていた割に、自分で誤算というか。親の立場になってみると、「子どもに700万かかってるんだ」と。なるべく奨学金使わせたくないと言ってやっていると、その金がじわじわと取られるわけじゃないですか。それに、まだ下に大学1年、高1、中3といるので。まあ、かかるなぁ、と。

桜沢　そうですね。続々と控えてますね。

横山　続々とですよ。エリカさんちもかかりますよ。

桜沢　うち、どうなるんでしょう。なんかふたりとも大学には行きたくない、って言ってるんですよ。勉強が嫌いだから。

横山　でも、それはそれでいいですよね。「大学には絶対行け」っていうのもおかしな話ですしね。

桜沢　そう。「じゃあ、寿司職人になったら？」って言ったら、「寿司は食べるのは好きだけど、イヤだ」って。

横山　つくるのはイヤだって。ねえ。お金かかりますよね、実際。

お金を使わなすぎるのも、どうなの？

横山　相談に来られる若い方は、お金を貯めている人も多いですけど自分の好きなことに使いすぎている人もいて、両極端かも。貯める人はお金を使わないことに徹していたり、一見安全に見える金融商品の信者だったり。貯めるのはもちろんいいことだし、貯め方にも正解を見つけるのは難しいんだけど、若いのに安全ばかり考えて、自己投資や冒険をまったくしないのもどうかと思いますよ。お金を使わないせいで、人としての評価が、もしかしたらどこかで落ちているかもしれないですし。

桜沢　うん。だってね、私、男の子で貯金がある子って、あんまり信用できないもんね。だって貯金をするっていうことは、彼女にも何もおごってないし、友達にもおごってないしとか。

横山　そうですよ。**だって年収300万で100万貯めるって、相当使わない**ですよ。

桜沢　そうですよね。

横山　家賃とか、生活費だけでどんどん消えていきますんでね。それでちゃんとやっているっていうことは、貯金的にいうとすばらしいことかもしれないですけれど、やっぱり使ってないんですよね。

桜沢　ね。貯金は女の子に任せて、男は使ったらいいんじゃないかなって。それで貯金いっぱいしている女の子と結婚すればいいんじゃない。

横山　バランス取って。

桜沢　バランス取って。

横山　両方ダメな場合もありますけどね。

桜沢　ああ、うちですね。

横山　どっちかが家計を締めたりできるといいですよね。でも本当に、**「稼ぐ」っていうのと「使う」という、そのバランスですよね。アクセルとブレーキじゃないけど。**最近はお利口さんが多いですね。10年ぐらい前は、借金しながらキャバクラ行ってとか、車買っちゃってとか、「どうしたらいいでしょう」とうちに相談に来るような、そういう豪快な使い方をしている人がけっこういましたね。

今は**「浪費型」というより、「不況型」**じゃないですけれど、「ボーナス払いがあるんですが、ボーナスが出なくなっちゃいまして」とか、「奨学金700万円を抱えているので」とか。そんなような相談で。

桜沢　なんか寂しいですね。

横山　寂しいですよ。「保険に入ったほうがいいんですか」「入るんだったら、どのぐらいかかるんですか」とかばかり。車も、所有するんじゃなくて、東京の場合には、カーシェアリングとかレンタカーもあるじゃないですか。そういうので十分ですよね、って。「まあ、そうだね。場合によってはタクシー使ったほうが、所有なんかするより全然いいよね」っていう話とかもするんですけれど。たしかに合ってるんですけど、それで済ませたらどうなのか、っていうところは難しいですね。人それぞれかもしれませんが。私はそれがイヤだから車を持ってるんですよね。確かに1回のコストで考えたら、非常にバカくさいのはわかるんですけれどもね。

桜沢　でも車が好きな人にとっては、がんばっている自分へのごほうびみたいなものもあるじゃないですか。自分の好きな車を買って乗るっていうのはね。そういうのがないと、頑張っている意味がないような気がしますね。
私の場合、自分へのごほうびが多すぎて、ちょっと破綻《はたん》気味なケースですけれど。

横山　でも、ごほうびを出すために頑張れているっていうところもありますよね。

桜沢　そうですよね。やっぱりそうなんじゃないかと思いますね。

横山　なにかしら不安がないと、私たちはダメなんですかね。これでたとえば何億か持っていて、「もういいわ」みたいな感じだったら、仕事、もしかしたらしないですかね。

桜沢 私ね、たぶん、あり余るお金があったら、仕事しないと思う。

横山 働く意欲がなくなってしまうぐらいお金があると、それはそれで不幸ですよね。必死に働いている人からしてみれば、なんてうらやましい話だと思うかもしれないですけれど。時給８００円、９００円で働いている人からすると、「ふざけるな」っていう話かもしれないけど。実際はもしかしたら、それはそれでかわいそうなことかもしれないですね。

桜沢 そう考えると、**もう少しお金があったらいいのにな、と思いながら働いているぐらいがちょうどいいんですかね**。やっぱり余裕があると、かつての私みたいに、仕事を落としてみたりということになりがちですしね。

横山 やっぱりお金を稼がなきゃ、という気持ちって、すごい正しいなと思うんですすね。労働意欲として。ちょっと足りないからやらなきゃっていうね。そのぐらいがいいですね。

桜沢 あとは、私の健康法になってます。私、貯金がないんですよ、相変わらず。

横山 そんな改めて言わないでくださいよ。

桜沢 大きな声で言えることじゃないんですけど。横山さんには、いろいろアドバイスもしてもらってるのに、相変わらず貯金がないわけです。でもそれが私にとって、健康の秘訣《ひけつ》っていうんですか。今、何かあったらまずいって。気持ちのハリみたいな。

横山 その、なんていうか。ハングリー精神の部分の。

桜沢 そう。源ですよね。

横山 それはそれで、あってもいいと思うんですけど、疲れたりとかしないですか。不安になる、みたいなことって。

桜沢 ああ、もちろんそうですよ。そろそろ年も年だし、ちょっと病気っていうか、辛い時に休めるぐらいの貯金があったほうがいいなと思うんですけど。お金があると病気になりそうな気がするんです。休めると思うと。

横山 そうかぁ。お金がなくて不安に思うかどうかは、人によって基準が違うんでしょうね。僕はもしかしたらアンパイというか基準値が、もっと低いんでしょうね。ここらへんぐらいまでないとダメだっていうのが。

桜沢　でも、このぐらいないとダメだっていうのが、どんどんハードルが上がっていっちゃうから。多少あっても、不安になるだけなんですよね。

横山　ああ、確かにそうですね。それはありますね。それはもう自分自身も思いますよね。最初はこれぐらいでいいやと思ってるんですけどね。

桜沢　うん。でも実際「このぐらい」になると、まだ不安な気持ちのほうが強くて。いっそないほうが気が楽というか。

横山　気持ちいいですよね、そう思えるっていうのは。

桜沢　でも、本当あったほうがいいんですよ、貯金は。

横山　ええ。でも貯金があると締切を落とすんですよね。

桜沢　そうなんですよ。あると落とすんですよ。原稿に穴があくんですよね。で、誌面に「急病のため」みたいなね。でも、最近、そういう原稿を落とすような人も少なくなってて。3日前ぐらいには原稿をあげるような、真面目な人が多いですけどね。

横山　すごいですね。

桜沢 でも、「後1本、2本、がんばって描かないと」「それでいくら入ってくるから、よしがんばるぞ！　月末までに！」と言ってた時に、急に何かでお金が入ったりすると、フワーッって、その気持ちが抜けちゃって。

横山 重版の印税が入るんだぞ、ってことがあったら。

桜沢 そう。そうするとフワーッとなって、結局描けなくなって。

横山 ハハハ。もう追い込まれてないとダメですね。

桜沢 そうなんですよ。

横山 計算するんですか。アシスタントの分とかも、今月このくらい払わなきゃいけないから、多少のやりくりしないと、じゃないですけれど。

桜沢 それは多少考えますね。

横山 ああ、よかったです。

桜沢 そのくらいは考えるんです、最近は。

横山 「あっ、今日払う分がないわ」みたいな。そういう事態のないようにやるわけですね。

桜沢　アシスタントには、なるべく取っ払いであげているので。「お疲れ！　はい、はい」って。もう飯場の親方みたいな感じで渡してるんですけど。全部ピン札で。そうすると2枚くっついちゃったりしてね。よく数えないといけませんけどね。そう、ピン札が好きなんです。だから、両替していつもきれいなお金を用意しておいて、払ってるんですけど。

横山　ああ、すばらしい。

桜沢　漫画家としてちゃんと作品を描いていくには、多少追い詰められてるほうがいいんでしょうね、きっとね。

横山　でもまずいぞっていう気持ちは、あったほうがいいというのは、私も思いますね。

桜沢　そうなんですか。横山さんなんか、本が売れまくっているから、まずいなんていうことがまったくなさそうですよね。

横山　いやいや、そんなことないですよ。こんなこと言っちゃあ、なんですけど。最初のころの本にかける熱というか。

桜沢　それは、だって、出しすぎだもん。

横山　ハハハ。本当ですね。そこが自分でもまずいなっていうか。変に慣れている感じはダメだって思いますね。

桜沢　ありますね。でもそれは仕方ないですよ。私も最初のころは、自分で紙から選んだりしていたから。作品にかける思いがすごく強かったですけど。今、なにも考えてないですからね。

横山　まあ、本が出るとうれしいですけど。なんかね。そこまでじゃなくなってきてますからね。

桜沢　どれぐらい出されてるんですか。200、300冊とか?

横山　いやぁ、わかんないです。数えたことがない。

桜沢　でも200～300とかいっちゃってますよね。全部でね。

横山　下手したらね。

桜沢　すごいですね。

横山　わかんないですけど。

桜沢　印税、もらったのって覚えてますか。

桜沢　印税ね。印税はね、本当にどこに行ったんだろう……。
横山　どこに行ったんでしょうね。

人生を楽しく過ごすコツは……

桜沢　人生を楽しそうに生きているように見えるって言われるんですけれど、ねえ。なんででしょうねえ。窮地に立たされている時も、よくあるんですけどね。
横山　なんか疲れたって思う時、あります？　もう疲れたな。もういいや、みたいな。
桜沢　それはありますね、やっぱり。本当にずっと書き続けないといけないっていう時に、ふと我に返って。「ああ、なんでこんなに働いて、こんなに稼いでも残らないのか」と考える時はありますよね。でも、もうそれは「なんとかなる」で。いつもの通り。「まあ、どうにでもなるわ。なんとかなる、よし！」って。
横山　でもそう思って、続けられるんですね。

桜沢　そうですね。続けていくしかないから。

横山　できる！　やるしかない！　っていう感じですか。

桜沢　まあ、なんかおかげさまで健康なので。

横山　私もずっとそういう感じでやっていて。ずっと今もそうではあるんですけれど。あまりに無理して、いわゆるモチベーションが……。取材とか新規の面談とかで、ダランとして。「そうですね、そうですね」みたいなことばかり言っていて、よくないなと思ったんで。今度、1週間ぐらい休もうかなとか思ってるんですよね。今まで全然休みがなくて。

桜沢　だって忙しすぎますもんね、本当に。

横山　月に1回も休めないんですよ。そんなんだったら、モチベーションも無理、っていうことで。今度は休むことを自分に課すようにして。選択と集中で。やる時はやると。何もかもしないと決めようかなと思ってるんですね。

桜沢　本当に忙しいから。私なんて月の半分ぐらい遊んでますからね。

横山　そんなことないと思いますよ。でもそういうメリハリはあったほうがいいです

桜沢

よね。そこができないのが、僕が貧乏性じゃないですけど。

札幌にいた田舎者が「本が書けるんですか。なら、明日行きます」と、自費で飛行機取って、こっちの兄貴のところに泊まって、神保町に来て。神保町、さっき久しぶりに来て、「前も、すげぇ暑い時期に来たんだよな。遅れちゃいけないからと、暑いなか立って待っていたな」とか。そんなことが走馬灯のように思い出されたら、ジワッと……、なんか少し泣きそうになった。つらい思い出があって。そういうのもあるので。止まったらいけないとか。その時から比べれば、俺は忙しいな、幸せだよ、っていう思いで。休んでいたらうまくいかないかも、というところがあるんですね。

やっぱりメリハリですかね。なんか好きなこととしかしてない。仕事も。もちろん、自分の思ったようなものと違うことをやらなきゃいけない場合もあるんですけれども。そういう時は、本当にお金のためにがんばろう、と思うんですよね。でも基本、漫画とか、そういうものは自分の好きなようにやれているので。仕事も好きなことをやっているし、日常の暮らしも好きなようにしているので。

よく言っているのは、**「まあ、悩みはお金がないことぐらい」**って。

アリとキリギリス、どっちが幸せ？

桜沢 ところで、コツコツ貯めるアリ派と、楽しいことに使うキリギリス派とどっちが幸せなんでしょうね。

横山 あの童話の話だけで言うと、「アリは偉いなぁ」って子どものころ思いましたからね。その絵本の絵とか見て。アリの巣穴の図とか見て、アリの巣って面白いなぁと思って、アリを瓶《びん》の中に入れて飼ったりもしましたけれどね。あと、「こどもの科学」みたいな雑誌の付録で、アリの巣のやつとかね。どっちがって、難しいのかもしれないですよね。読者の方は、「自分はキリギリスで」「アリで」って想定しながら読むと思うんです。ただ実際のところは、**実はアリでもないし、キリギリスでもないし**みたいな。「どちらかと言うと」

というところはあるかもしれないけど。僕はアリでもないかもしれないし。お金で失敗した、というところもあったんで。

「何が幸せか」っていうのにもよるかもしれないですけれど。それより経緯ですよね。**「リスクを取りながらもいける」**か。それができない自分は、要は自信がない。「やると言った時に稼げる」っていう絶対の自信がないんですよ。だからお金を蓄積していかなくちゃいけなくて。**自分を補完するものがお金**だと思うんですね。そこの違いだけで。

最初にお話しした、お金のことを気にしないで、自分の何かをやれる生き方が理想、というところで考えたら、どっちが幸せっていうよりも、**「ルートの違い」**だけなんでしょうかね。

桜沢

でもやっぱりお金って、**循環して初めて意味があるものになっていく**じゃないですか。貯めているだけだと、お金の意味がない。使ってはじめてお金に意味が出てくるから。使うことは正しいことですよね、きっとね。回していくっていう意味では。だから、ただただ貯めるっていうのは、目的があって貯めるん

横山　だったらいいと思うんですけど。せっかくのお金が生きないじゃないですか。そのために正しく使うっていう部分ですよね。ムダに使っていくというよりも、**「自分に返ってくる」という使い方をしていく**っていうこと。ただ、人間なんでね。絶対正しく使えているとも言えないかもしれない。だからこそ迷って。「これでいいのかな」という思いも、ずっと続いてくるのかもしれないですしね。

桜沢　確かに小さい時は、「アリって先を見越して偉いな」と思ったけど、あの話って結局、キリギリスが死ぬ話じゃないんだよね。キリギリスは貯めていたアリに助けてもらうから。

横山　うん。人徳じゃないけど。キリギリスだって、ダメじゃないんだよって。

桜沢　うん。悪い話ではないんですよね。それがあるのかもしれないですよね。

横山　そうですね。わかる大人は、キリギリスを選ぶかもしれない。一生懸命がんばろうみたいなのが正しいとされていたら、アリだろうけど。キリギリスはキリギリスでステキですよね。生き方としてね。

お金が貯まる方法、アレコレ

横山 エリカさん、あれどう思います？ **「好きなことをやっていれば、金がついてくる」**というような話。金のことなんか気にしちゃダメと。

桜沢 いやぁ、私もそういうタイプなんだけど。まあ好きなことをやっていればっていうよりも、才能についてくるかとは思うので。ちゃんと自分が自信を持ってやっていることには、お金がついてくるんじゃないかなとは思ってますね。

横山 私、最初は「えー、そんなのウソくさくね？ 好きなことをやっていれば金がついてくるって、好きなことは今までやってきたけど……」と思ったりもした時期があったんですけど。

でも今、なんとなくそれが理解できる部分もあって。**「好きなことだからしっかりやろう」と思うと、責任感も出てきて。お金も正しく使うし、実績じゃないですけれど、長く続けられる**し。いい循環に入るので、結果的にはお金がついてくるっていうことだと思うんですよね。

お金のことなんて気にしなくていいんだよって、ほんとかよ？　と思ったりすることもありますけどね。

桜沢　ある人に、**「お金のことなんて考えないこと」**って言われました。お金なんて、そんな大したことじゃない。「すぐに入ってくる」くらいに思ってないとダメよって。「ないって思っちゃダメよ」って言われた。「ない」と思うとなくなるから「あるある」と思わなきゃって。でも、なかなか難しい。

横山　ああ。強い精神力が、ちょっと必要そうですね。

桜沢　うん。でも私、お友達に教えてもらって、実際にやっていることがあるんですけれど。**お金を出す時に、お金に感謝をして、「何倍にもなって返ってきてね」って送り出す**んだって。そうするとお金が入ってくる、っていうの。だまされたと思って、その「声がけ運動」をやってみたんですよ。

横山　ええ。心の中ですよね。

桜沢　そうです。時々小声で言いますけど。でも、それをやったら、なんか返ってくる気がするんですよ。実際返ってきたとは、まだ実感していないんですけど。「返ってきてね」って言うことで、お金たちとすごくコミュニケーションが取れている気分になって。返ってくるような気がすごくする、と思って。「声がけ、いいかも」って思いましたね。

横山 私も、交際費はそんな思いです。「ありがとうございます」って。お金自体というよりも人のほうに。行為がお金を通じて届く、みたいな。その思いは同じかもしれないですね。

桜沢 感謝を持って使うと、返ってくるんじゃないですか。それが実際、お金にならないかもしれないけど。**たとえば、横山さんがお酒をおごったとしたら、その人が次にお饅頭《まんじゅう》を持ってきたとしたら、それは返ってくる**ことだよね。

横山 もうちょっと大きく返ってほしいですね（笑）。

桜沢 お饅頭じゃなくて、もうちょっとね。でも、感謝をしながら使うというのは、共通しているかも。実際お金に感謝するって、できているようでなかなかできていないから。声がけすると、本当に「ありがたいな」っていう気になりますね。

横山 じゃあお財布とかも、割ときちんとしたりとか。だいたいこれぐらい入ってるとか、そういうこととかも？

桜沢 お財布にいくら入っているかは、わからないタイプなんですよね。最近は、少しはわかってきましたけど。でもお財布は、なるべくきれいに使いたくて。**お札の顔を下向きに**しろとか、**レシートはその日のうちに整理**しろとか。お金を入れるものなのに、レシートばっかり入っていると、お金の入るスペースがなくなるからって言うじゃないですか。なるべくスッキリときれいに使いたいと思ってますけどね。

横山 ですよね。私もそのあたりは意識しますね。並べ方も逆とかも絶対イヤですね。

桜沢 ああ、そう？　私、なんかね頭を下にしろって言われて。

横山 へぇ。僕は**万券のほうを前にする**んですよね。

桜沢 ああ、大きいお金を前にする。

横山 自分的にですけどね。下にはしないな。そのほうが出て行かないとかっていうのを聞いたりもしますよね。

桜沢 そう。私もね、下にするなんて姑息《こそく》じゃないかって思ったんですよ。お金をだますみたいで。でもお金持ちの人は皆、下に向けてるよ、って言われて。

横山 僕は、あんまり出してもあれなんですけど（財布を取り出し）、1万円札は必ず福沢諭吉の頭が上になるよう、揃えてから入れるんですよ。それで全部同じ向きにしないといけない。

桜沢 ああ、私も同じ向きです。

横山 同じ向きにして……。

桜沢 お金、すごい持ってますね。使う気満々ですね。この人。

横山 いや、だいたい……。

桜沢 というか、1000円札がないですけど。万札しかないですけど。

横山 あんまり入れたくないんですね。1000円札を。小銭は絶対別にしているんですよ、私。

桜沢 へぇ。なんで……1000円札は、出たらどうするんですか。

横山 出たらこの小銭入れに入れるんですよ。

桜沢 1000円は小銭扱い……。

横山 いや小銭扱いというか。財布はこれだけにしておきたいっていうか。

桜沢 1万円だけに。

横山 だけにしておきたいですね。小銭も絶対入れてないですね。そういう昔からの使い方なんですよね。

桜沢 でも、1万円出して、崩れて、8000円ぐらい来たら、どうするんですか。

横山 もうこの小銭のほうっていうか。

桜沢 ギュッギュッて入れるんですか？　ほんとに？

横山 折って。うん。

桜沢 すごいね。今日一番のビックリでした。でも横山さんって、小銭をすぐ銀行に入れちゃったりとか、けっこう、小銭を持ってない派なんだよね。

横山 ああ、そうですね。持ってない派ですね。

桜沢 1000円札とかも銀行に入れちゃうの？

横山　1000円札はあんまり入れないですね。もう小銭の部分で。会社帰ったらすぐ、これもザッと入れるっていう感じにしてます。買い物で端数48円とかの場合、小銭がない時は1000円、1万円になっちゃいますよね。でも、そういうふうに分けておきたいというか、きっちりしたいんですよね。

桜沢　へぇ。すごいですね。

横山　全部几帳面じゃないですよ。お財布の中身だけは自分のルールで。だから、お釣りもお札の向きがグチャグチャで渡されるのはイヤなんですよね。

桜沢　ああ、わかる。

横山　だから入れる時も、ちゃんと。レジが終わった後、じゃまにならないところで、入れ直します。

桜沢　ああ、私も。それはちゃんとやります。でも、使う気満々でしたね。

横山　いやいや、違うんですよ。あれは違いますよ。今夜使うとか、そういうことじゃないですよ。

桜沢　バーでも行きますか？　付き合いますよ。

横山　また5万ぐらいなくなって、罪悪感が、みたいな。

桜沢　5万円ならけっこう飲めるわね（笑）。

おわりに

ここまでお読みいただき、ありがとうございます。

お金の話は、なかなか面と向かって話題にできないところがありますね。隣のお家の経済事情は外からはわかりませんし、なかなか聞きにくいでしょう。

実際、私たちは、

「横山さんはなぜきちんとお金を貯めることができるのかしら？」

「エリカさんは、なぜ貯金がなくても平気なのだろう？」

とお互いひそかに疑問に思っていたところがあります。今回、それがクリアになりました。ふたりとも、今までにないくらいぶっちゃけた話をさせていただきました。

それにしても、お金に対する考え方は本当に人それぞれで、正解はありませんね（もちろん、貯金があるにこしたことはありませんが）。

ところで、一見、お金の使い方に関して正反対のように見える私たちですが、

実は共通点があることもよくわかりました。

それは「お金は人生を楽しむ『道具』として、上手に使うものだ」と考え、お金を大事にしている点です。

違うのは、人生を楽しむためにお金を「貯める」のか、人生を楽しむためにお金を「使う」のかという点。でも、最終的な目的は同じのようです。

人生を楽しむために、お金を稼ぎ、そして正しく使う。

これこそが、「お金」のあるべき姿ではないでしょうか。まあ、人間なので、なかなか思い通りにはいかないところがあります。だから、悩むのですけれどね。

みなさんも、どうか人生を楽しむためにお金と上手におつき合いください。

本書が、そのお役に立てれば、こんなにうれしいことはありません。

横山　光昭
桜沢　エリカ

貯める達人 使う達人が教える
お金に好かれる人のルール！

2016年　12月5日　第1刷発行

著者　横山光昭　桜沢エリカ

発行者　土井尚道

発行所　株式会社 飛鳥新社

〒101-0003
東京都千代田区一ツ橋2-4-3　光文恒産ビル
電話（営業）03-3263-7770　（編集）03-3263-7773
http://www.asukashinsha.co.jp

編集協力　柴田恵理

ブックデザイン　五味朋代（フレーズ）

印刷・製本　中央精版印刷株式会社

ISBN 978-4-86410-495-1

編集担当　矢島和郎